IN DER LIEBE DER MENSCHEN SPIEGELT SICH DER HIMMEL

EINE KNOSPE

„Ein kleines Mädchen kenne ich,
das ist schlank wie ein Knabe
und schön wie eine Knospe.
Was soll ich tun,
denn ich liebe dieses Mädchen.
Was soll ich anfangen?"

„Du darfst es nicht berühren,
denn es ist noch nicht reif
für die Liebe.
Du mußt es beschützen,
wenn du es liebst
und eine Mauer bauen
aus Geborgenheit.
Wie ein Wächter sollst du wachen,
damit keiner zerstört,
was Gott behütet."

Ich beschwöre euch,
ihr Jungen und Mädchen.
Weckt nicht,
weckt sie nicht auf,
die Liebe, wenn sie noch schläft.
Erzwingt sie nicht,
wenn ihr sie nicht empfindet.
Laßt sie ruhen,
bis sie erwacht.

Uwe Seidel Will McBride

Das HOHE LIED

Liebesgedichte übertragen aus dem Alten Testament

Burckhardthaus-Laetare Verlag, Offenbach

Eine Knospe (Kap. 8.8-10) 4
Außer Atem (Kap. 4.12-14) 6
Er ist mein Schatz (Kap. 3.6-11) 10
Die Einzige (Kap. 6.8-9) 14
Komm zu mir (Kap. 4.8) 16
Stark wie der Tod (Kap. 8.5-7) 20
Die Feinde unseres Lebens (Kap. 2.15+17) 25
Ich verkaufe mich nicht (Kap. 8.11-12) 28
Komm (Kap. 2.4+17) 32
Er (Kap. 1.1-4) 36
Gleich und gleich (Kap. 1.5-6) 40
Quelle (Kap. 4.15-16 u. 5.1) 44
Ich habe dich entdeckt (Kap. 6.10-12) 48
Horch (Kap. 2.8-9+16) 50
Komm, gehen wir (Kap. 7.12-14) 54
Mein Geliebter (Kap. 8.1-4) 58
Du bist schön (Kap. 1.9-11 u. 4.1) 60
Entdeckung (Kap. 7.7-11) 62
Du bist mein Mund (Kap. 4.2-7) 66
Du hast mich verzaubert (Kap. 2.1-3+4.9-11) 68
Laß mich nicht verhungern (Kap. 2.4-7) 72
Ein Fest ist unsere Liebe (Kap. 1.12-14, 16-17) 76
Du hast mich betört (Kap. 6.4-7) 83
Ich klopfe an (Kap. 5.2-8) 86
Meine Sehnsucht (Kap. 3.1-5) 89
Jenseits aller Gesetze (Kap. 5.2-8) 93
Sag mir (Kap. 1.7-8) 96
Spiegel der Liebe (Kap. 5.9-12) 100
Meine Hände – seine Lippen (Kap. 5.12-14) 104
Eine neue Welt (Kap. 5.14-16) 108
Tanzlied (Kap. 7.1-6) 110
Wir gehören zusammen (Kap. 6.1-3) 114

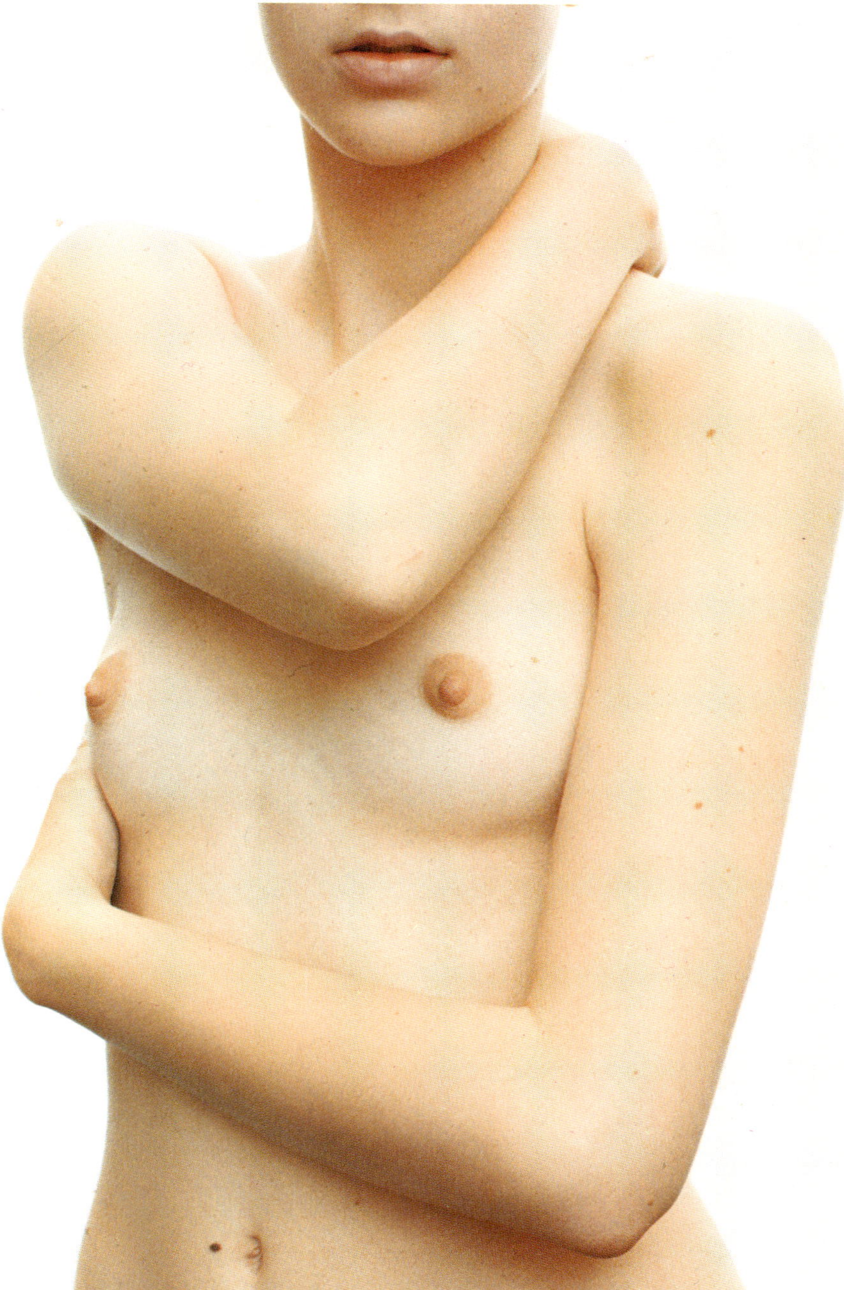

AUSSER ATEM

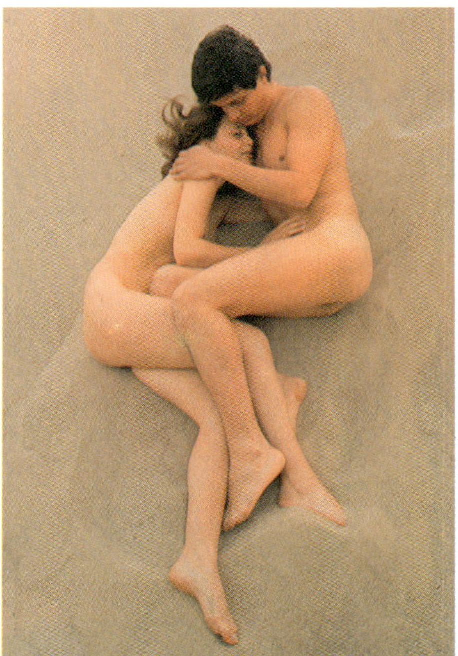

Du bist ein verschlossenes Haus,
das noch nie ein Mensch betreten;
eine Quelle, aus der noch nie
ein Mensch getrunken hat.
Aber ich weiß,
du wirst mir die Türe
zu dir öffnen,
du wirst mich
aus der Quelle trinken lassen,
denn deine Liebe ist stark,
ein Sturm, der mich aufwühlt
wie das Meer,
der Duft eines Rosenfeldes,
der mir den Atem nimmt.

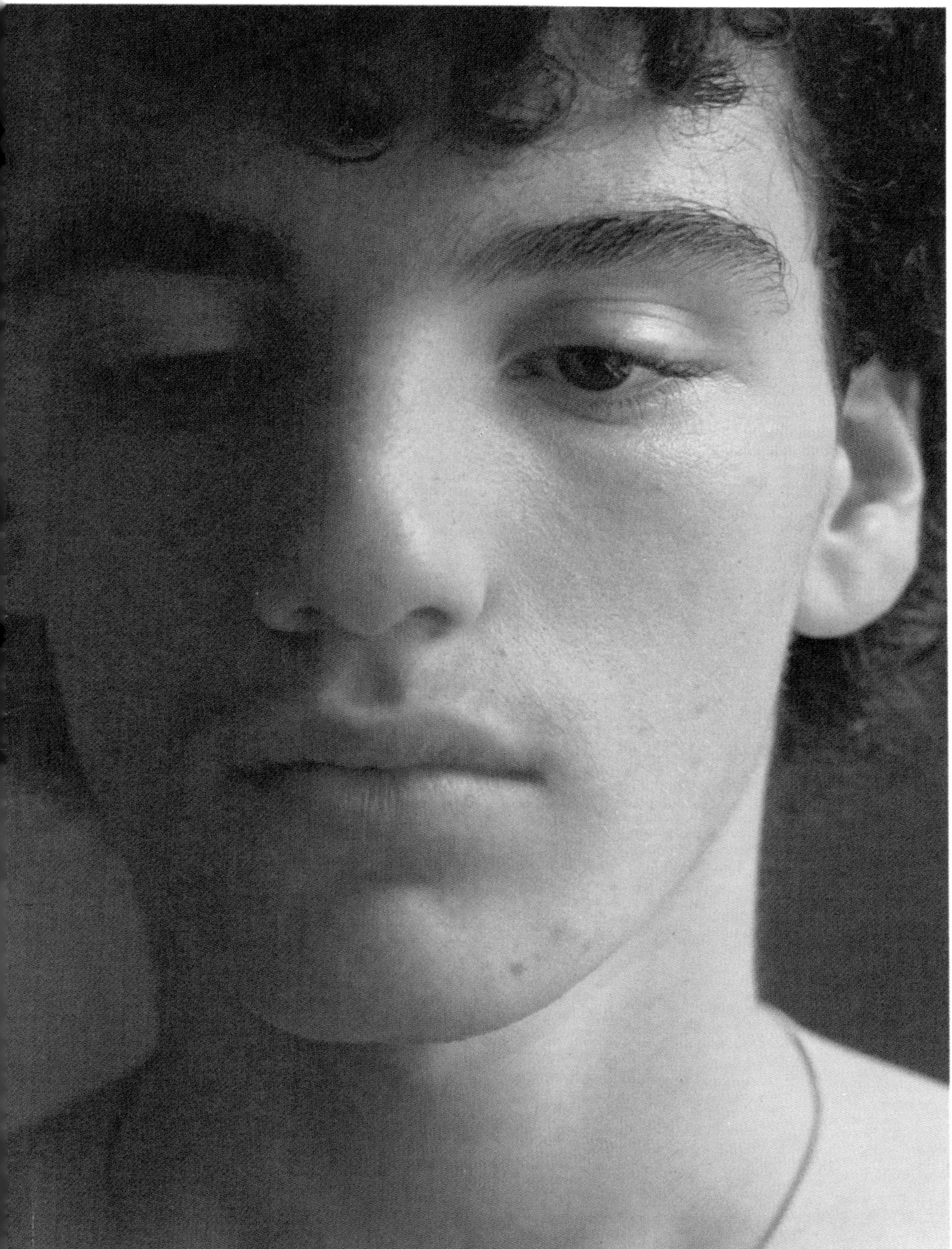

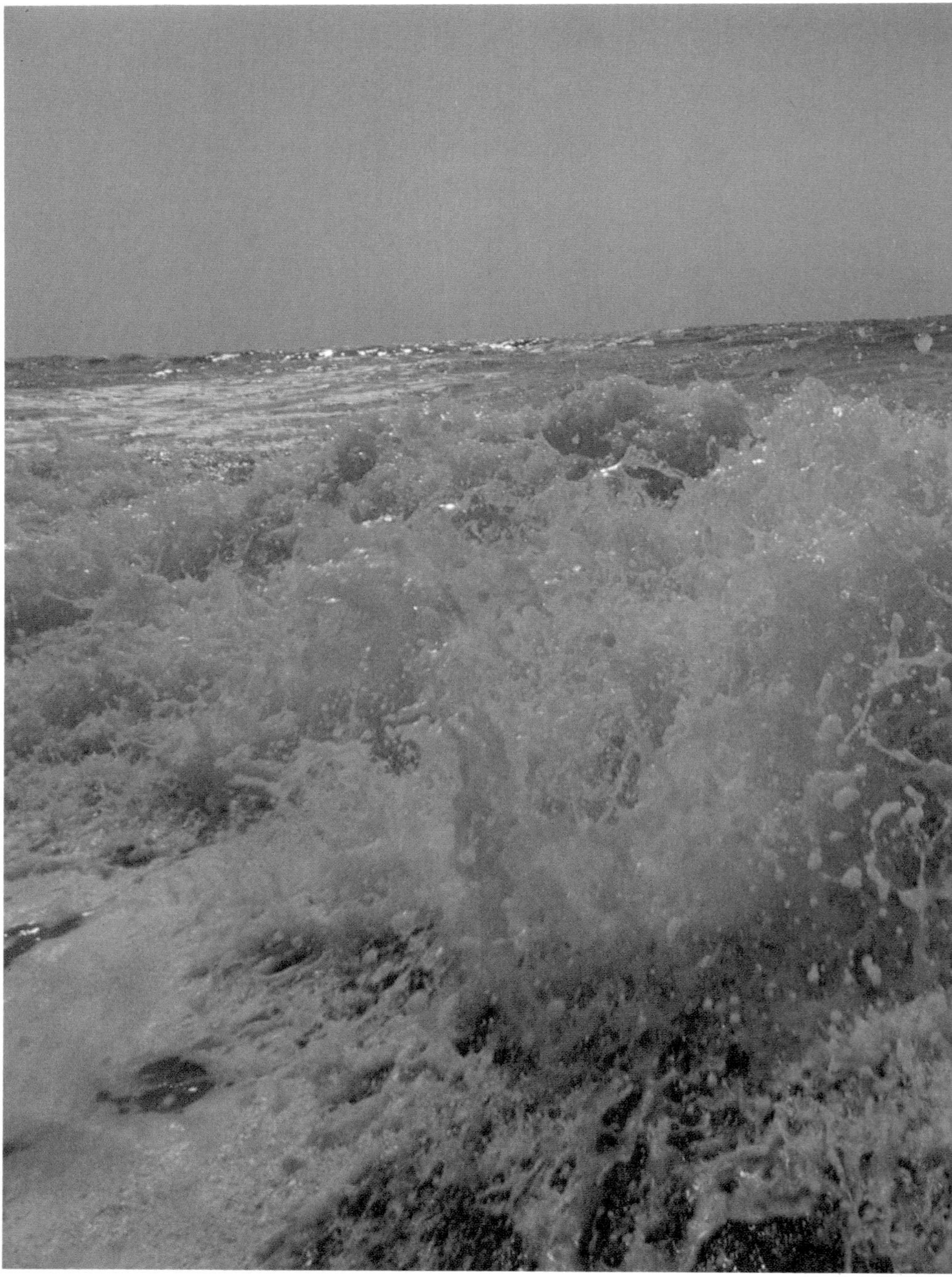

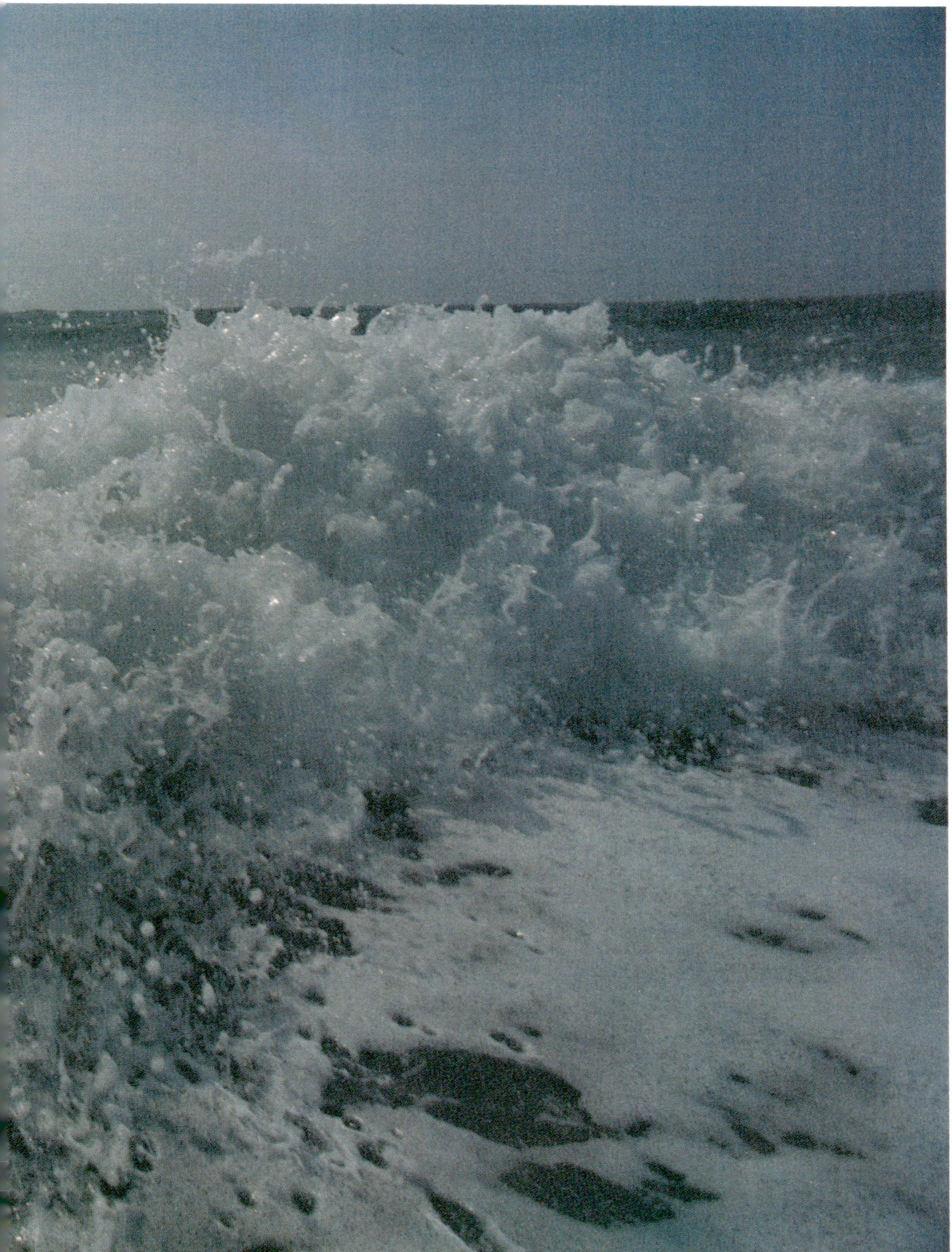

ER IST MEIN SCHATZ

Ich träume von meinem Freund
mit offenen Augen.
Ich sehne ihn herbei
Tag und Nacht.
Als Prinz aus 1001 Nacht
kommt er zu mir und durchbricht die
Mauern meiner Gefangenschaft.
Schön und mächtig
holt er mich aus meinem Traum.

Ja, er ist der Schatz meines Lebens,
nicht aufzuwiegen
mit Gold und Silber.
Die Worte des Friedens
schützen ihn besser
als tausend Regimenter
bis an die Zähne
bewaffneter Soldaten.
Die Gedanken aus Güte
tragen Millionen Taten der Liebe.
In seiner Weisheit treffen sich
die Erkenntnisse aller Zeiten.
Seine Gerechtigkeit
wohnt unter den Menschen.
Seine Liebe wird ein Beispiel für alle.

Kommt und seht,
ihr Jungen und Mädchen,
wie wir
die Krone unserer Liebe tragen,
wenn unsere Herzen überlaufen
und unsere Freude
die Menschen mitreißt.

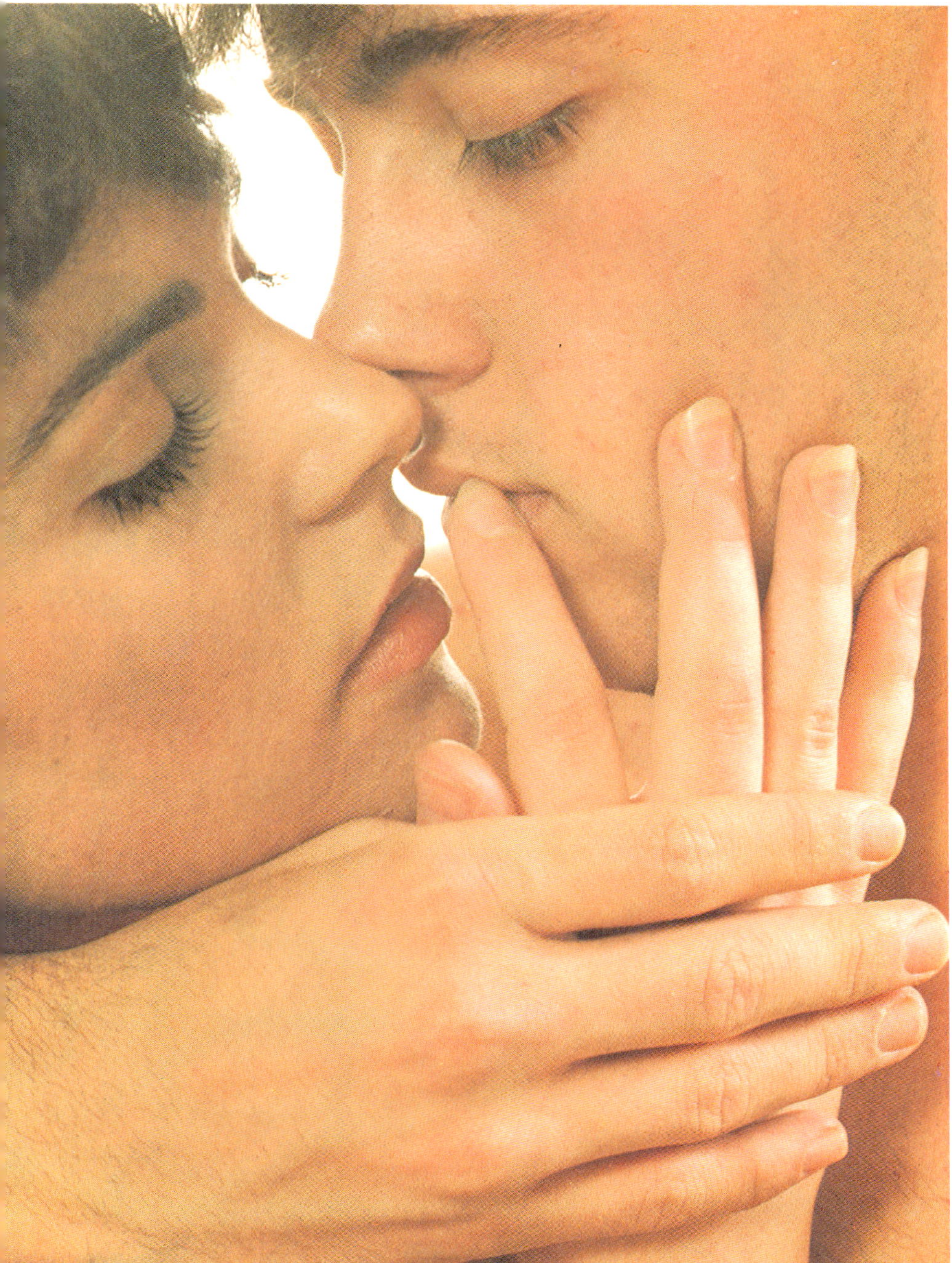

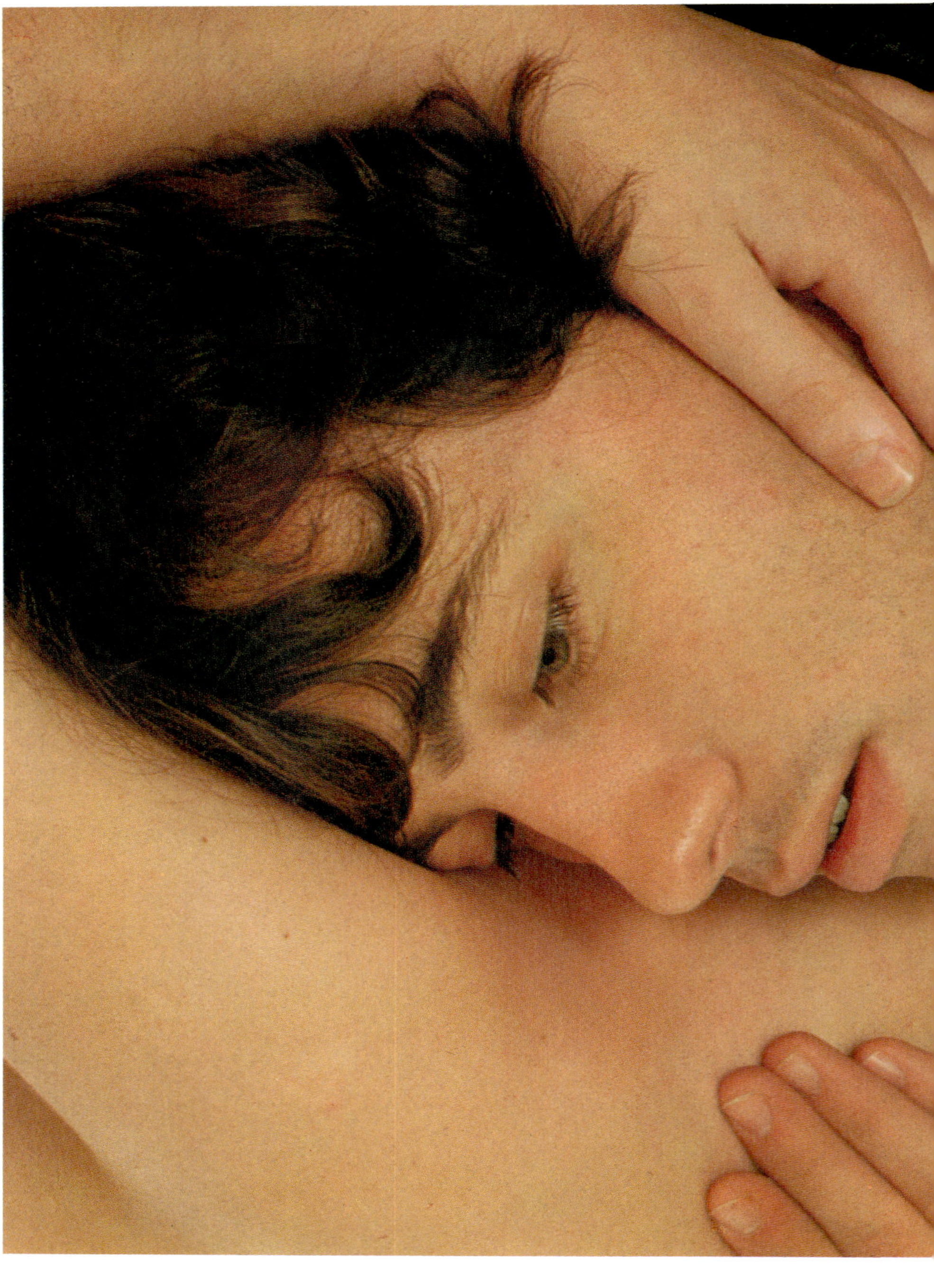

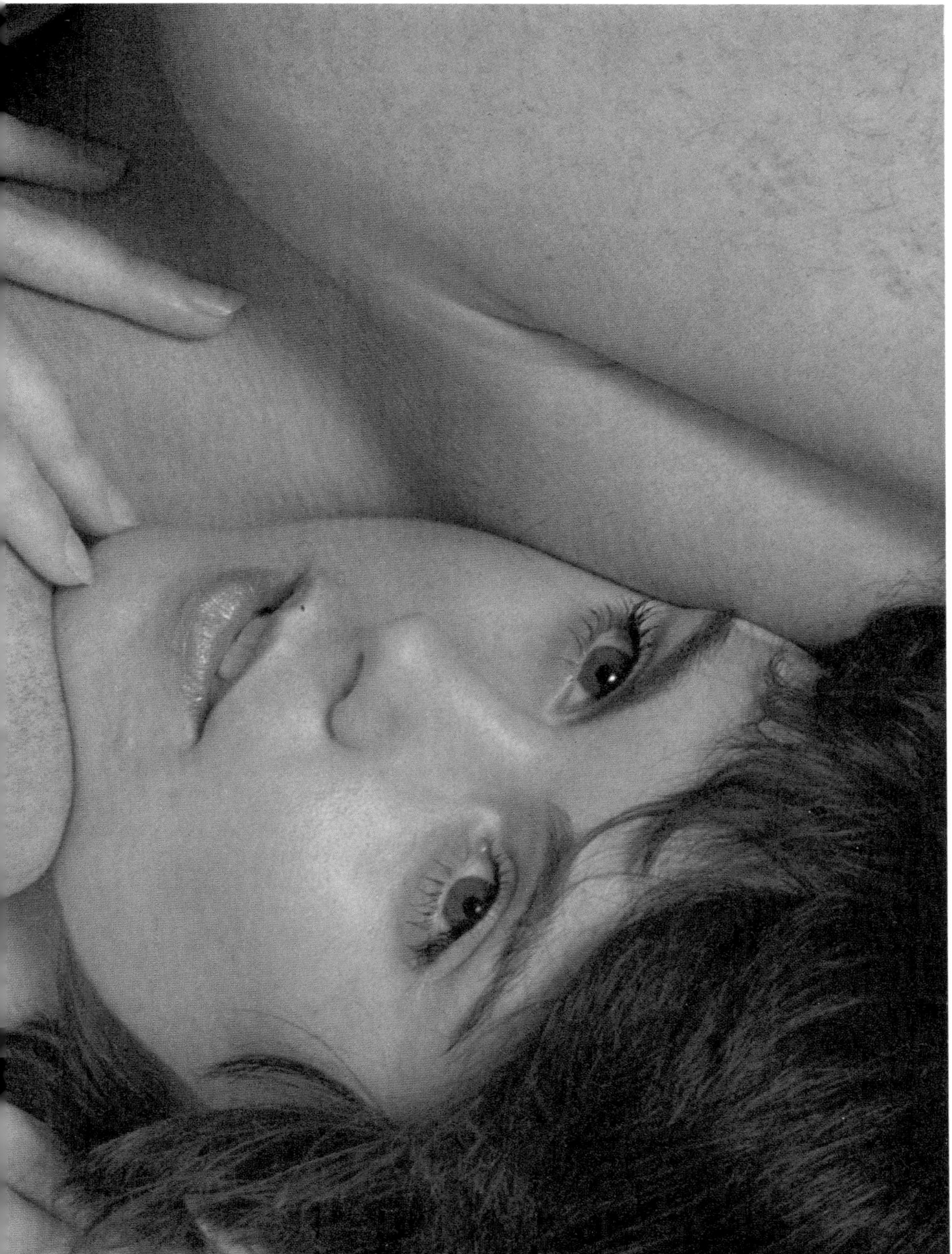

DIE EINZIGE

Die Damen der guten Gesellschaft
versammeln sich mit ihrem Gefolge
und ihren prunkvoll
ausstaffierten Töchtern.
Man kann die Puppen
nicht mehr zählen.
Aber unter den vielen
ist mein Mädchen,
die einzige in der Gesellschaft,
die ein Gesicht hat.

Die schönen Töchter beneiden sie
und wünschen zu sein,
wie mein Mädchen.
Die Damen sehen mein Mädchen
und verstummen.
Ein Gesicht kann man nicht kaufen.

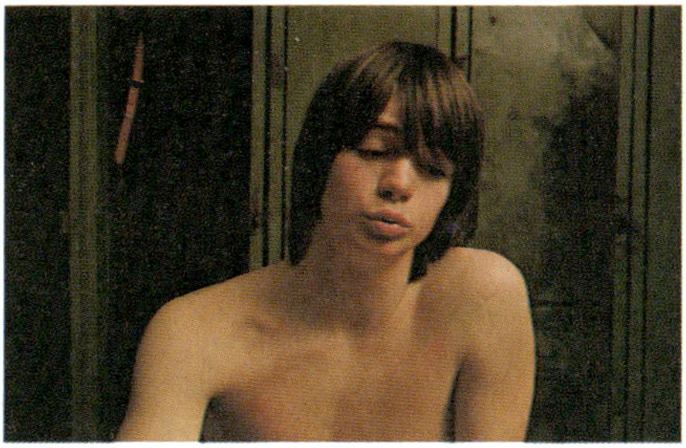

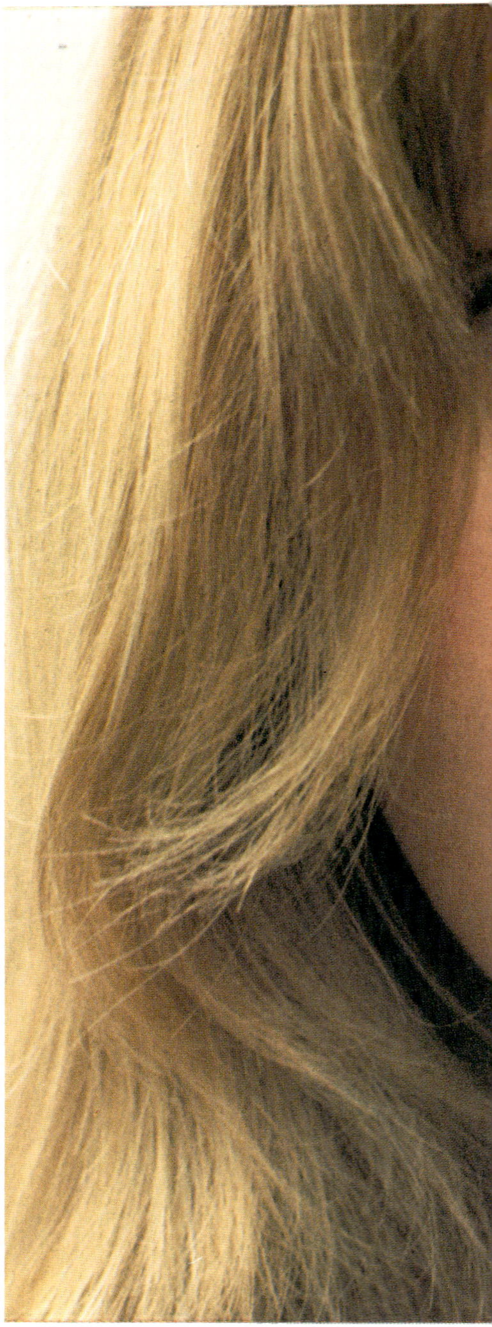

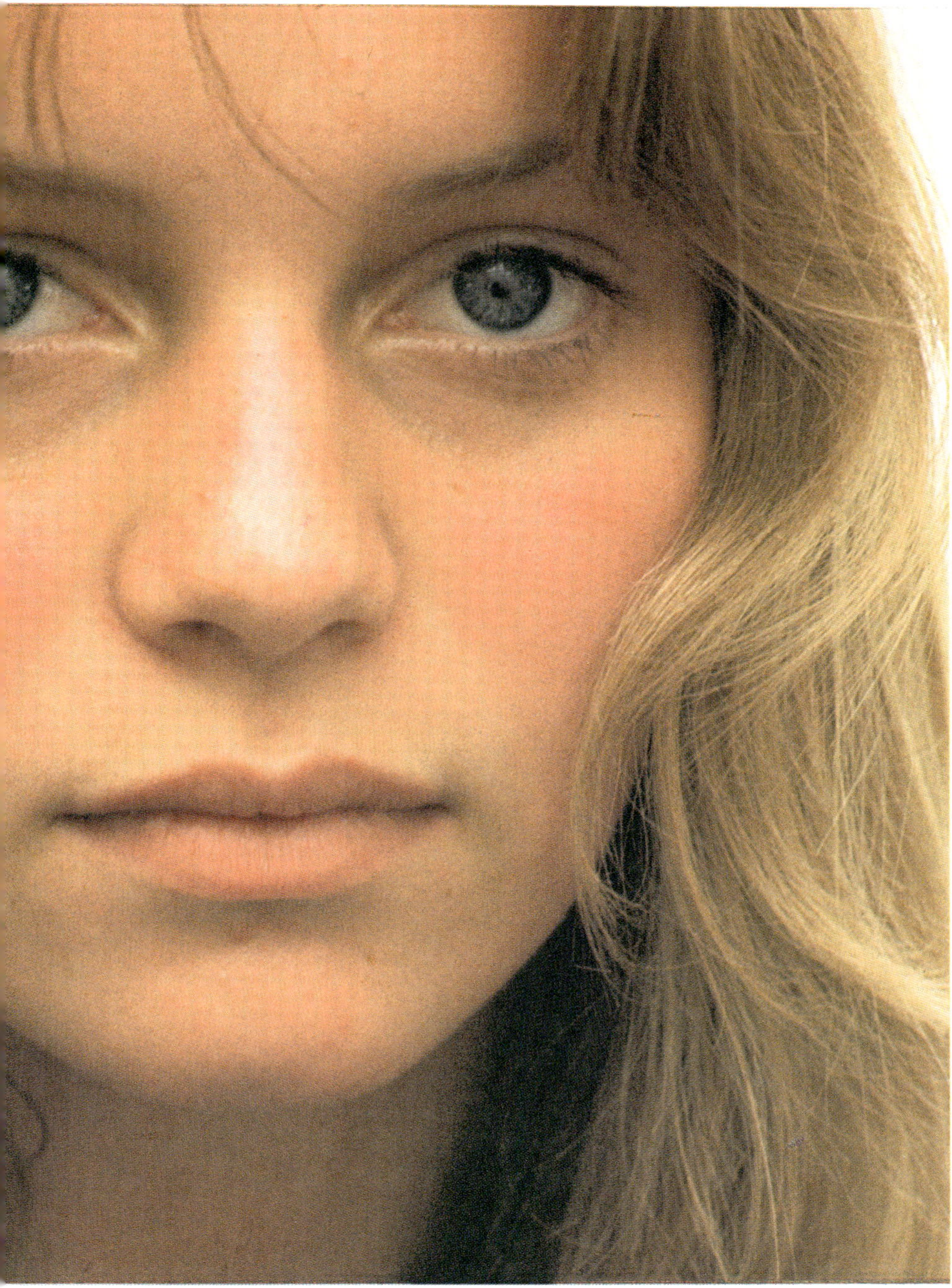

KOMM ZU MIR

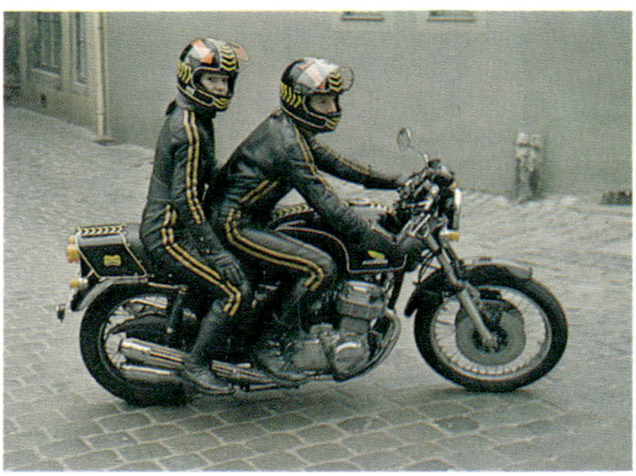

Komm, mein Mädchen,
komm zu mir.
Zieh mit mir aus.
Steig heraus aus den Riten
von Geld und Adel,
komm heraus aus der Gesellschaft
von Gier und leerem Gefasel.
Verlaß die Gipfel
der Äußerlichkeiten.
Komm aus den Höhlen
der Salonlöwen,
von den Bergen eitler Sprüche.
Komm zu mir, mein Mädchen,
wir wollen einfach leben
und uns lieben.

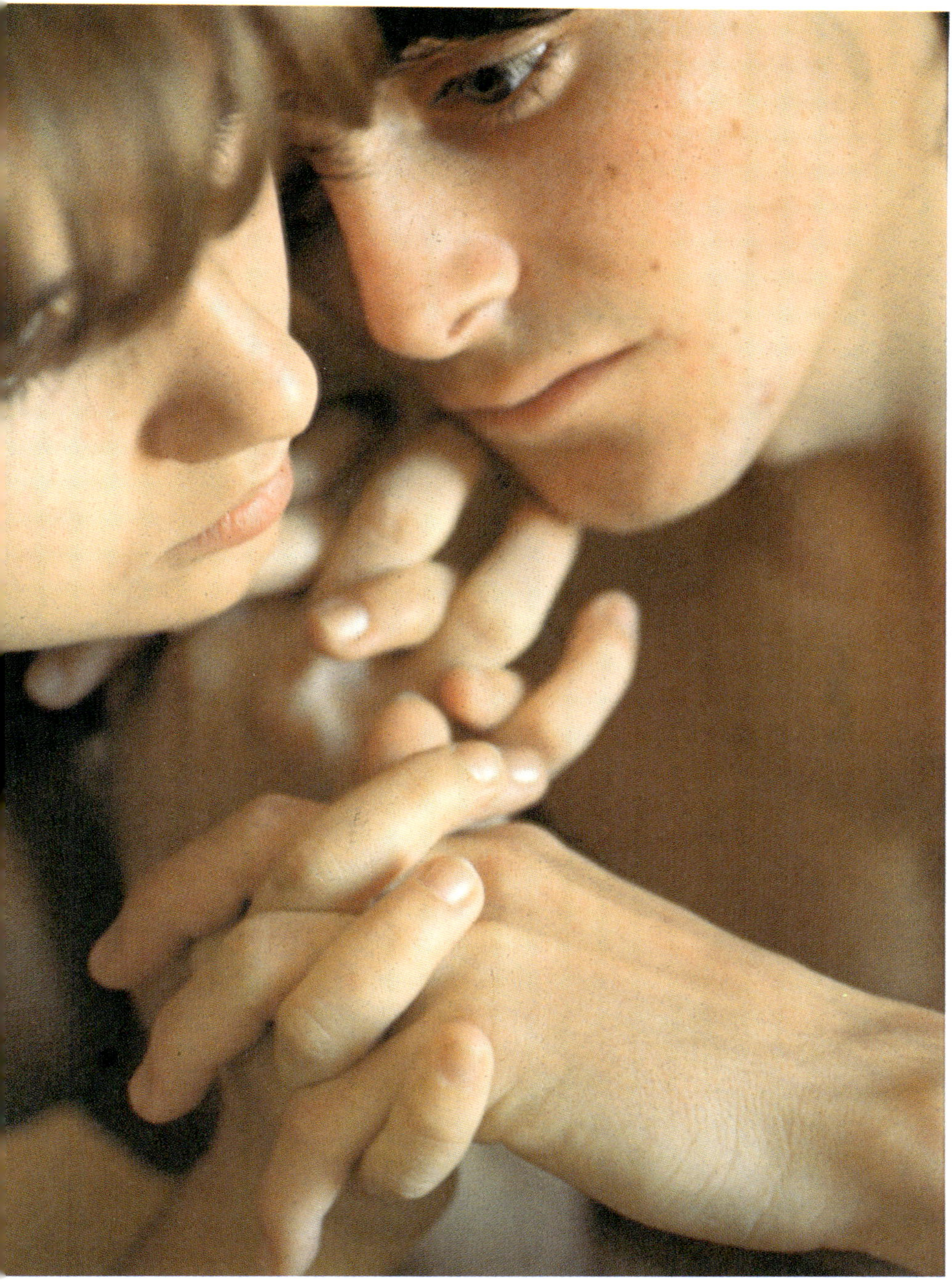

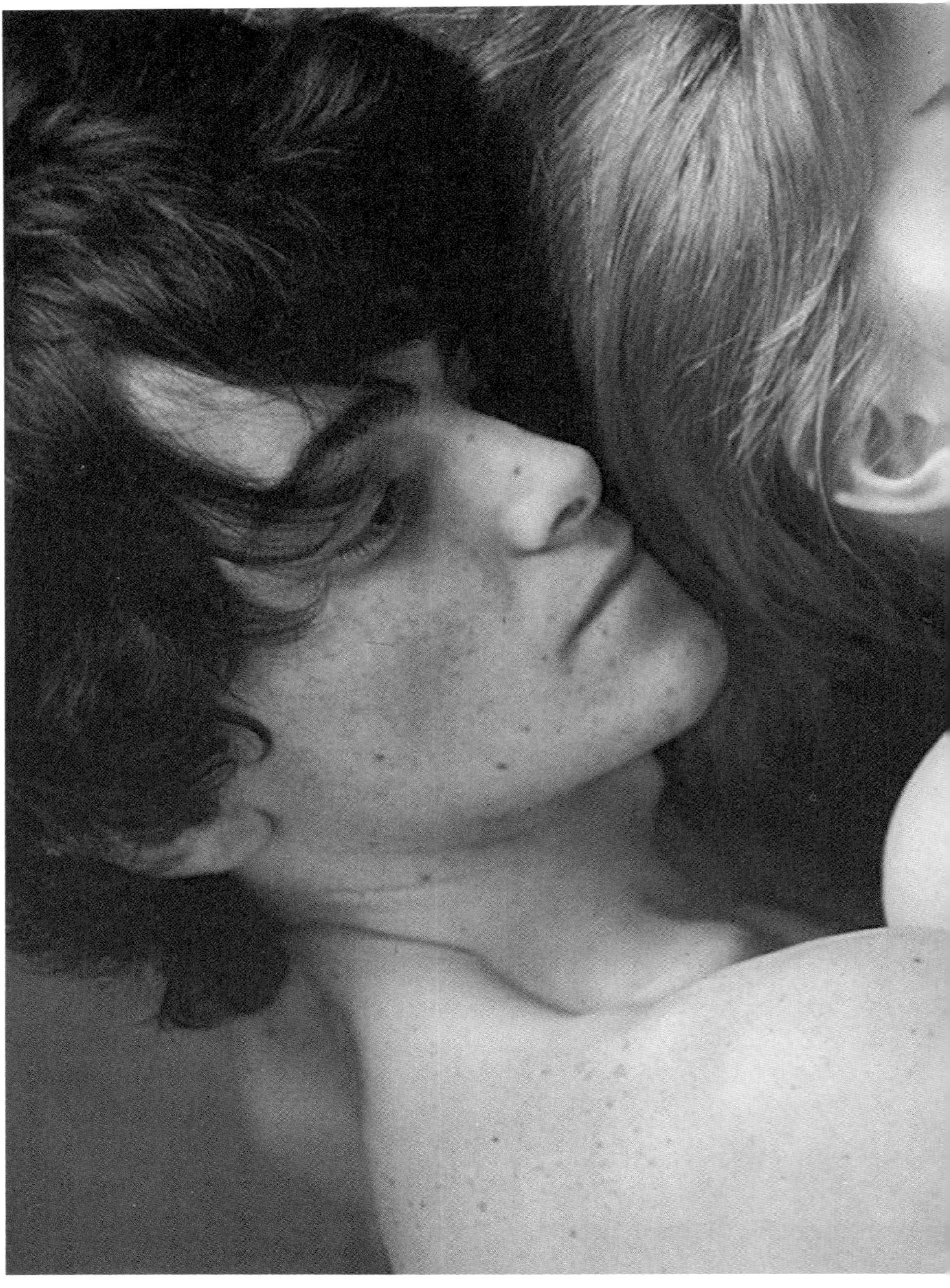

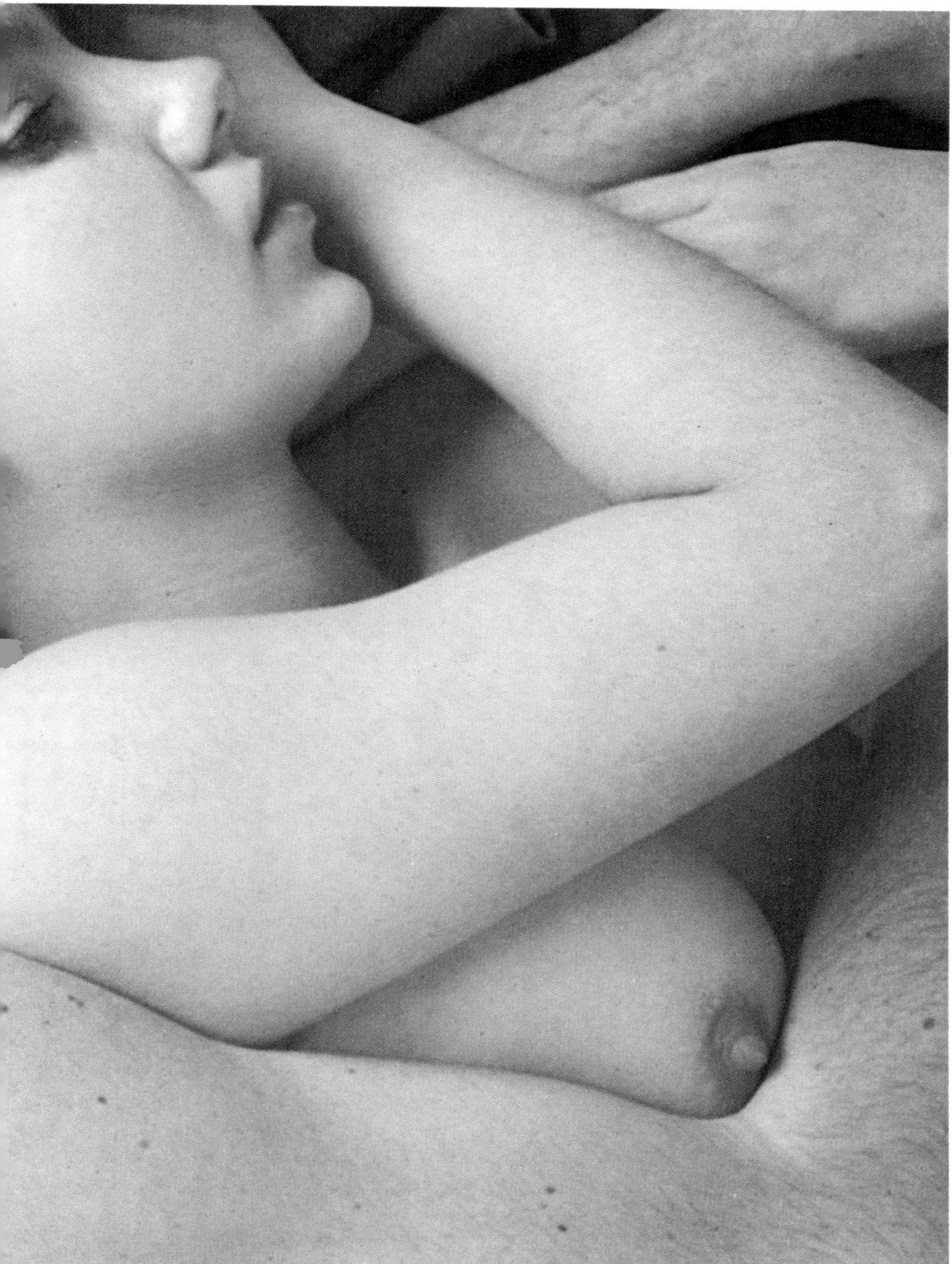

STARK WIE DER TOD

„Wer kommt da
aus den Mauern der Stadt,
von den Straßen
der Unmenschlichkeit,
wer lehnt sich dort
an meinen Geliebten?
Ich habe dich, den meine Seele liebt,
in den Slums gefunden,
wo deine Mutter
ihre ersten Wehen bekam
und wo du das Licht der Welt
erblicktest.
Du bist mein Geliebter.
Presse mich wie ein Siegel
auf dein Herz,
leg mich wie einen Reif
um deinen Arm.
Die Liebe ist so mächtig
wie der Tod,
das Glück so tief wie der Schmerz,
die Leidenschaft so stark
wie die Kraft des Sturmes.
Feuer verzehren unseren Körper,
ohne uns zu verbrennen.
Diese Flammen sind
die Flammen Gottes.
Wenn eine Sintflut kommt,
kann sie das Feuer unserer Liebe
nicht löschen,
keine Flut wird sie fortschwemmen.
Und wenn jemand käme
mit allem Reichtum,
und wollte unsere Liebe kaufen,
wir könnten nur über ihn lachen.

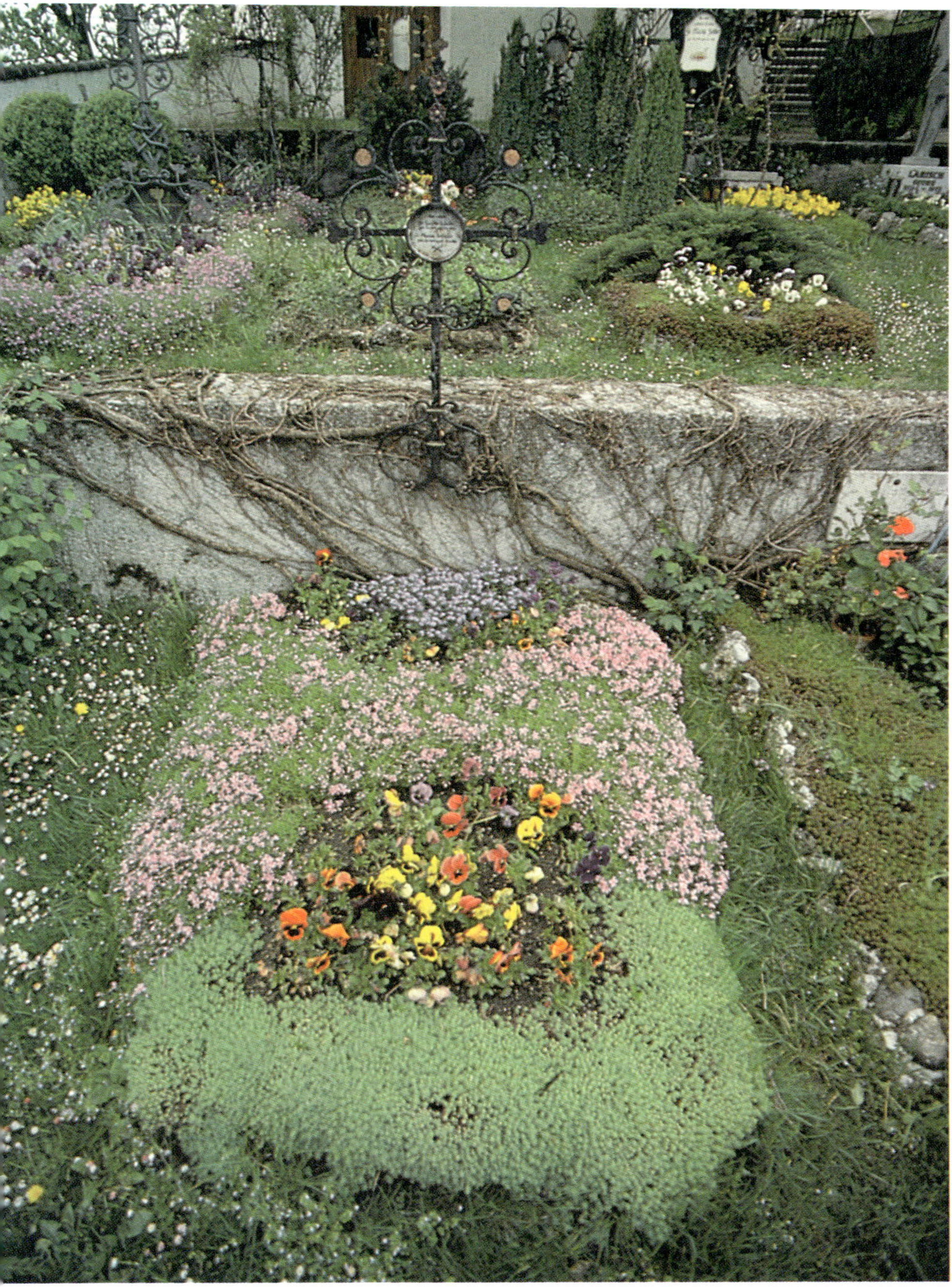

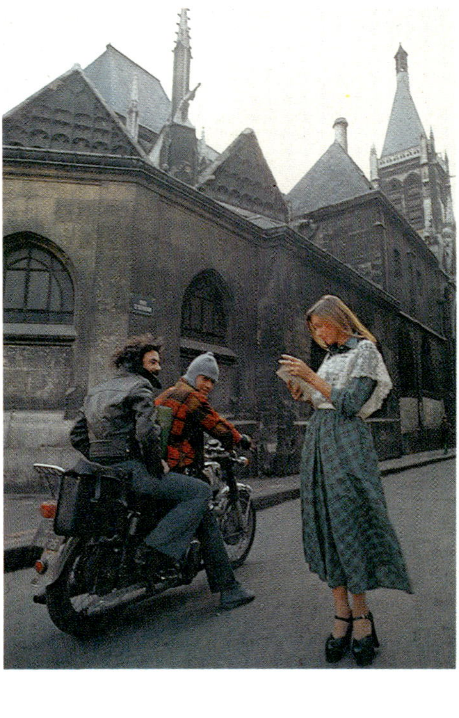

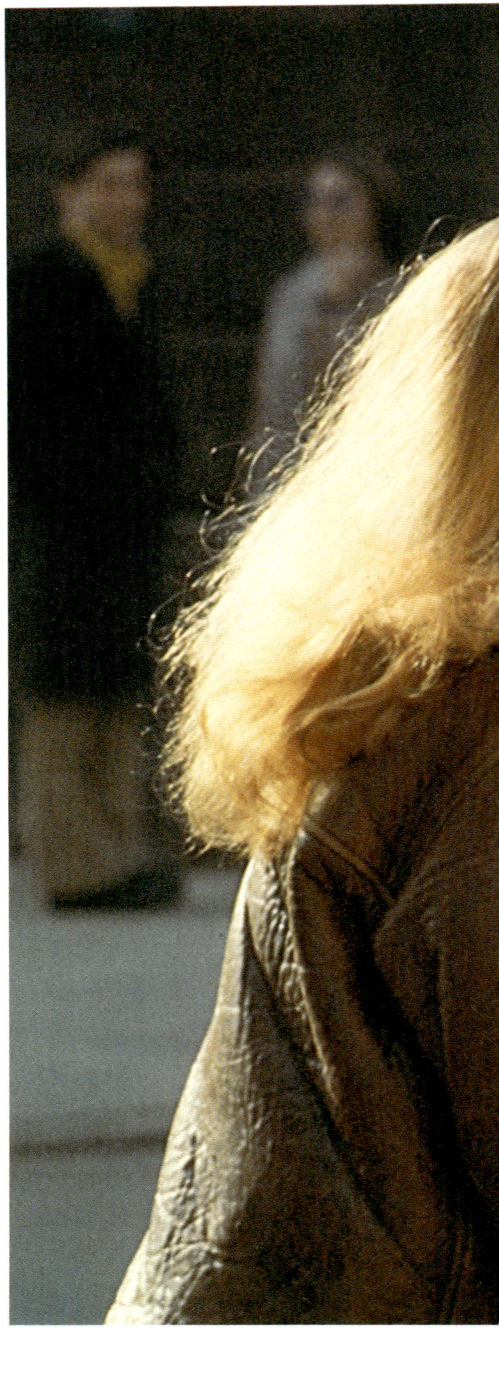

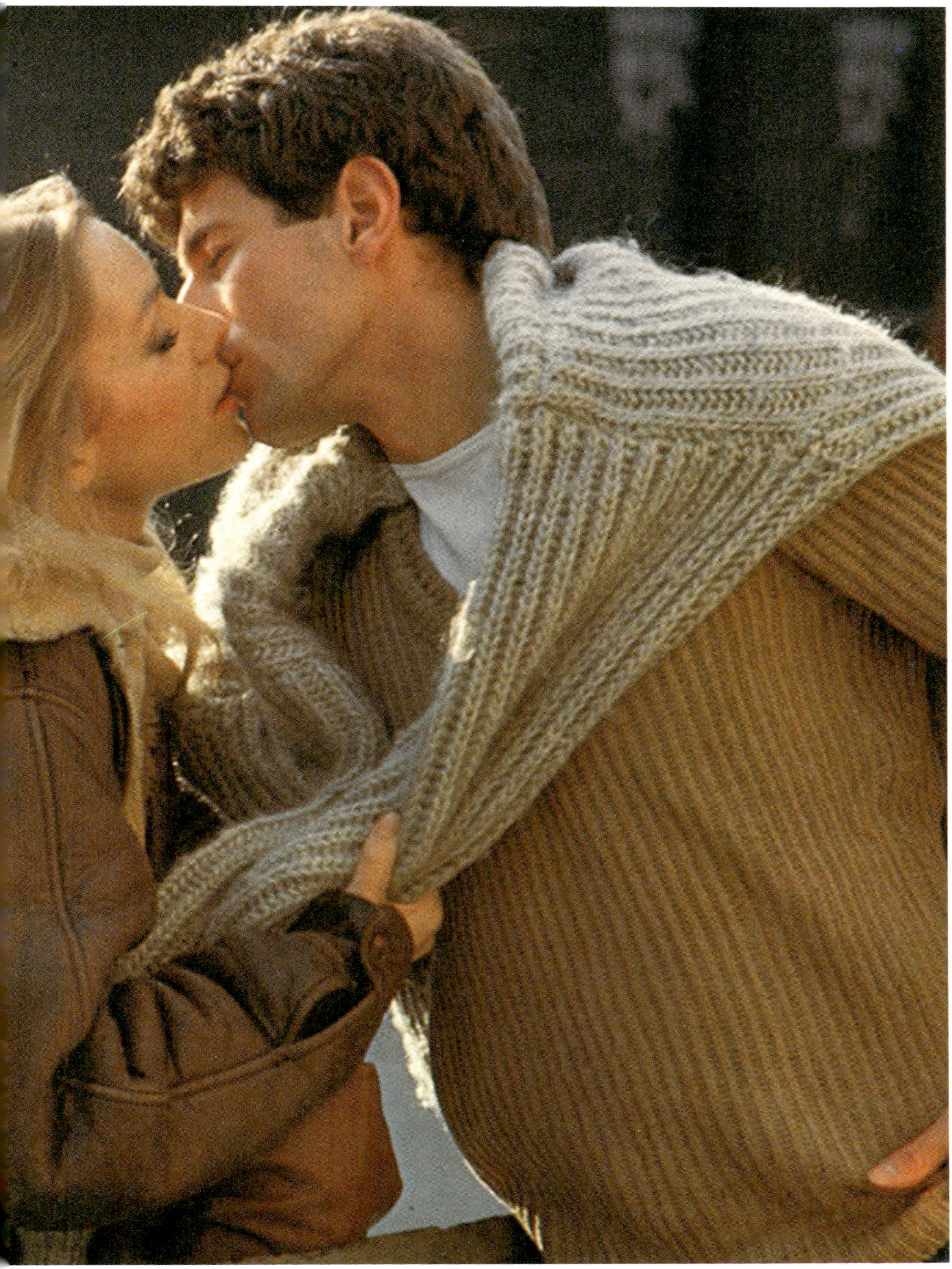

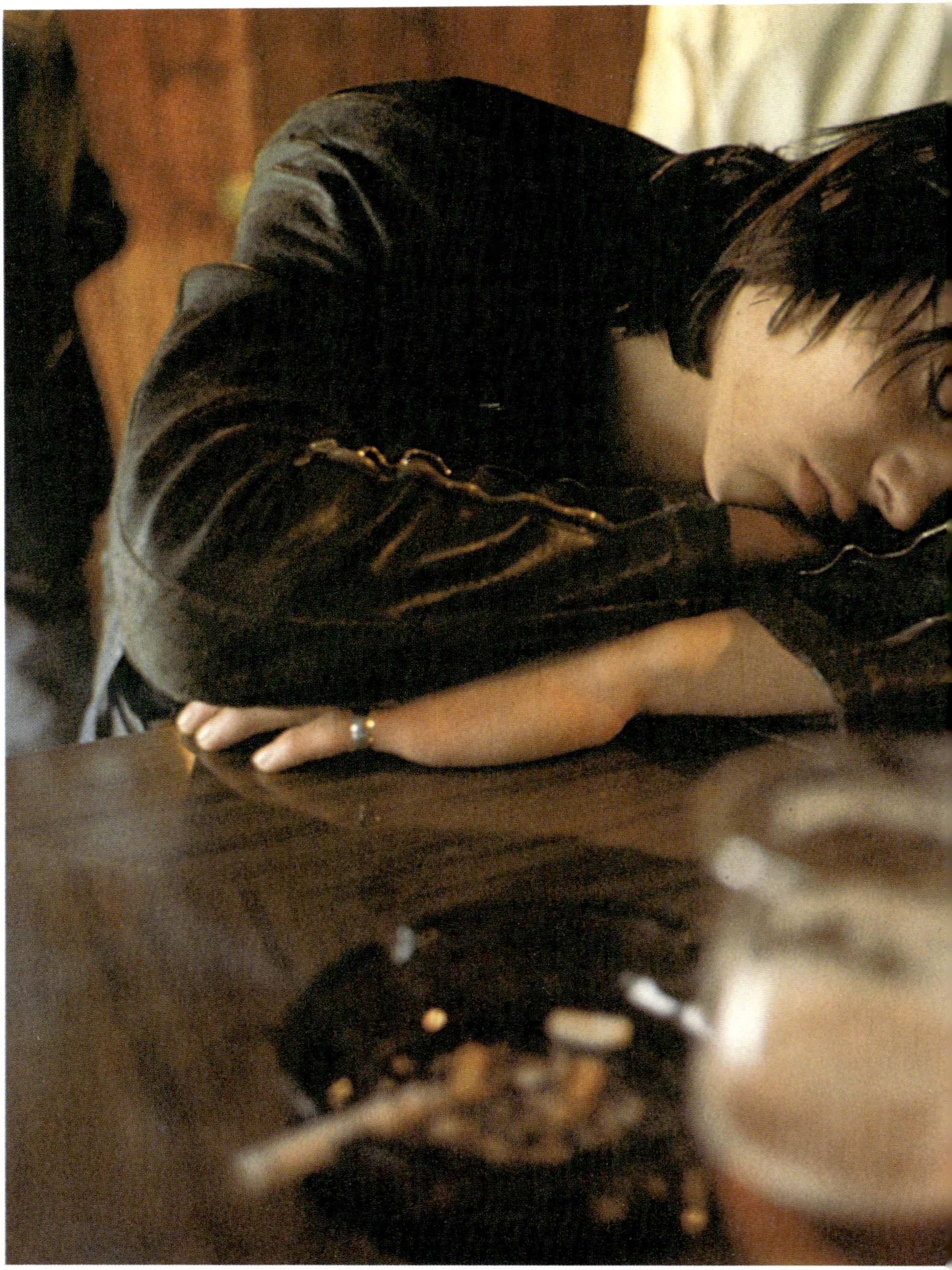

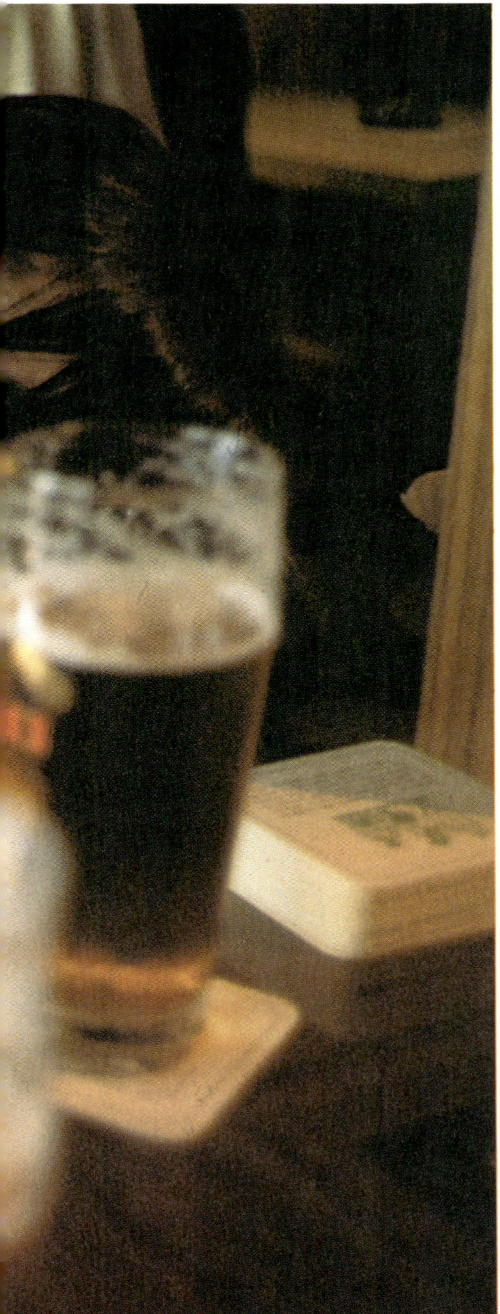

DIE FEINDE UNSERES LEBENS

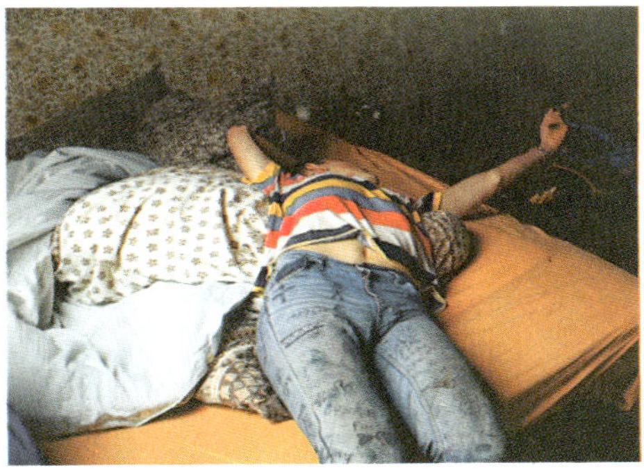

Haltet die Menschen fern von uns,
die unsere Liebe zerstören wollen;
die Feinde des Lebens
wollen unser Glück vernichten.
Mißtrauen säen sie
in unsere Gedanken,
und Gift spritzen sie in unser Herz.
Haltet die gerissenen Menschen
fern von uns,
die uns die „Liebeskunst"
lehren wollen.
Sie sind Schlangen
mit Rezepten,
die unsere Phantasie zerstören.
Sie sind unsere Feinde.
Sie sind Füchse –
Profitgeier, die mit unserem Glück
ihren Reichtum mehren wollen.

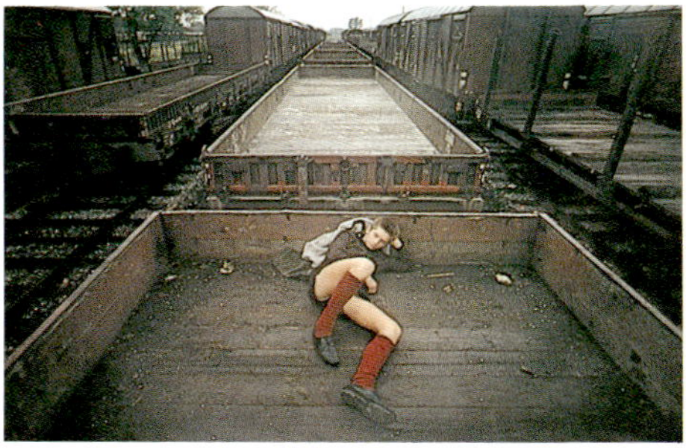

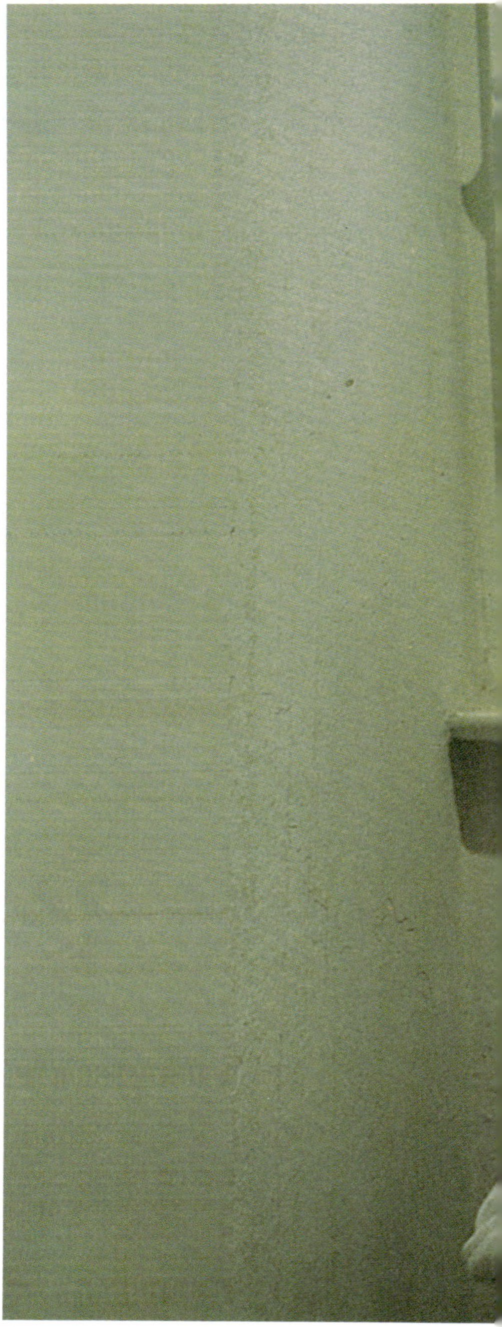

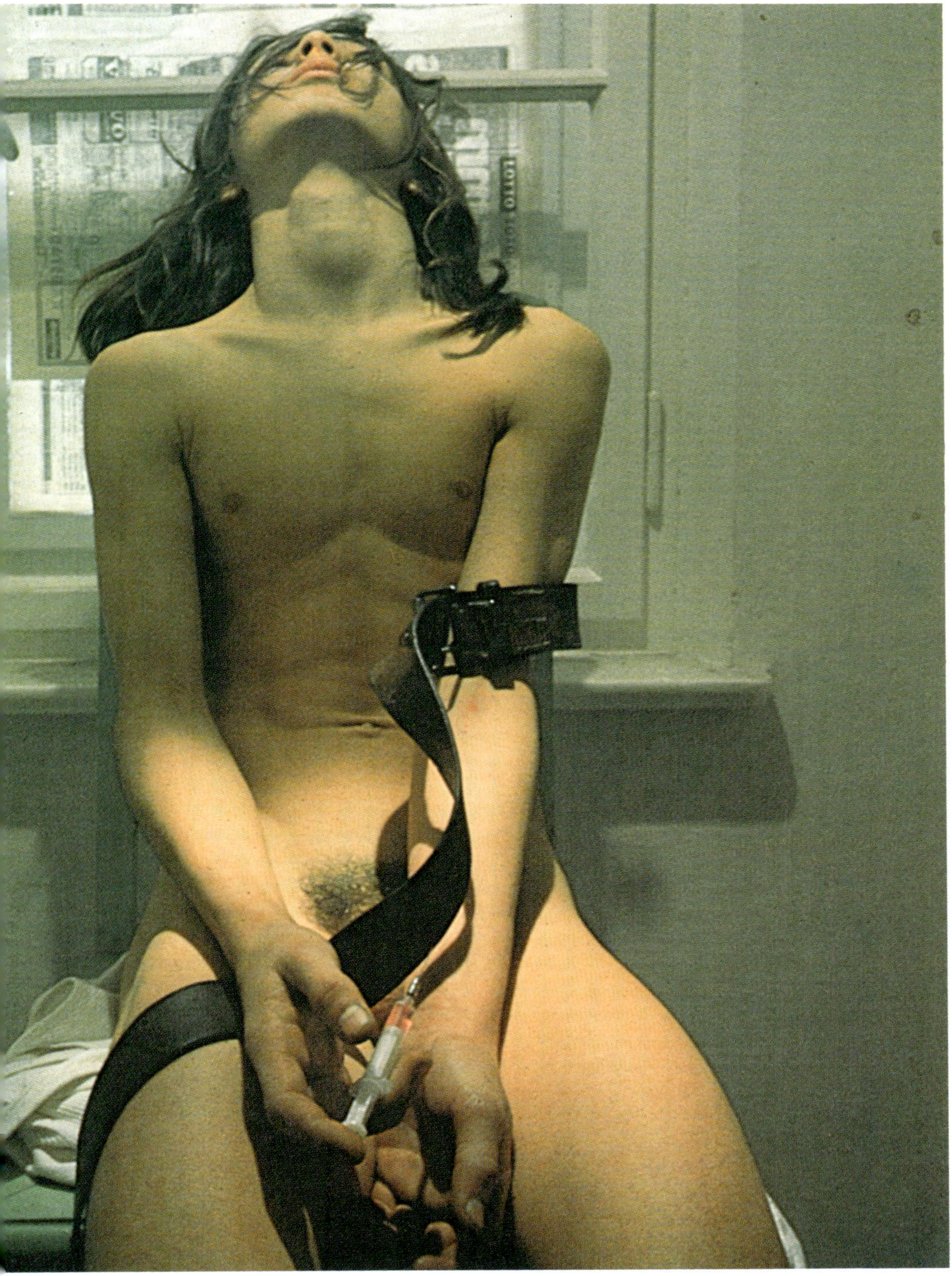

ICH VERKAUFE MICH NICHT

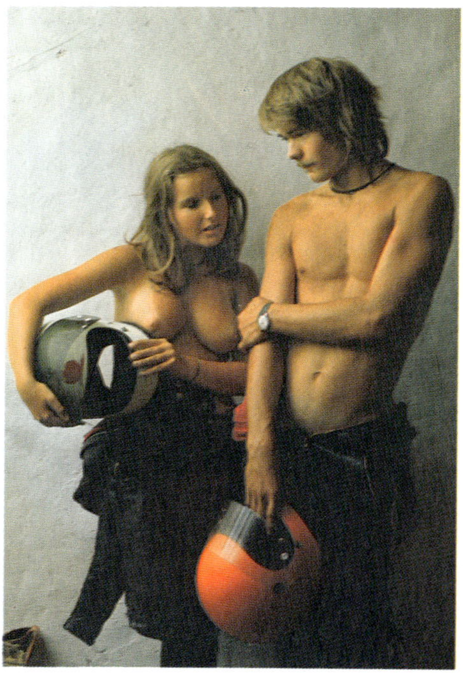

Mein Körper ist ein Weinberg,
der gepflegt und gehütet werden will,
geschützt vor gierigen Räubern.
Er gehört mir ganz allein –
er ist mein Reichtum,
den ich nie verkaufe –
niemals.

Ich gehöre meinem Freund
und nach ihm sehne ich mich
Tag und Nacht.
Keinem anderen will ich gehören.

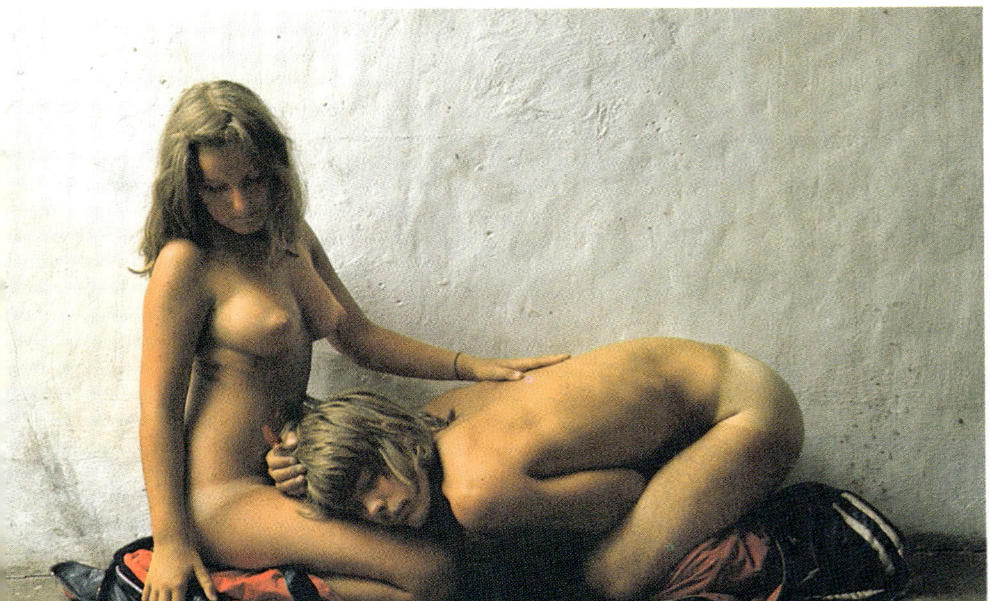

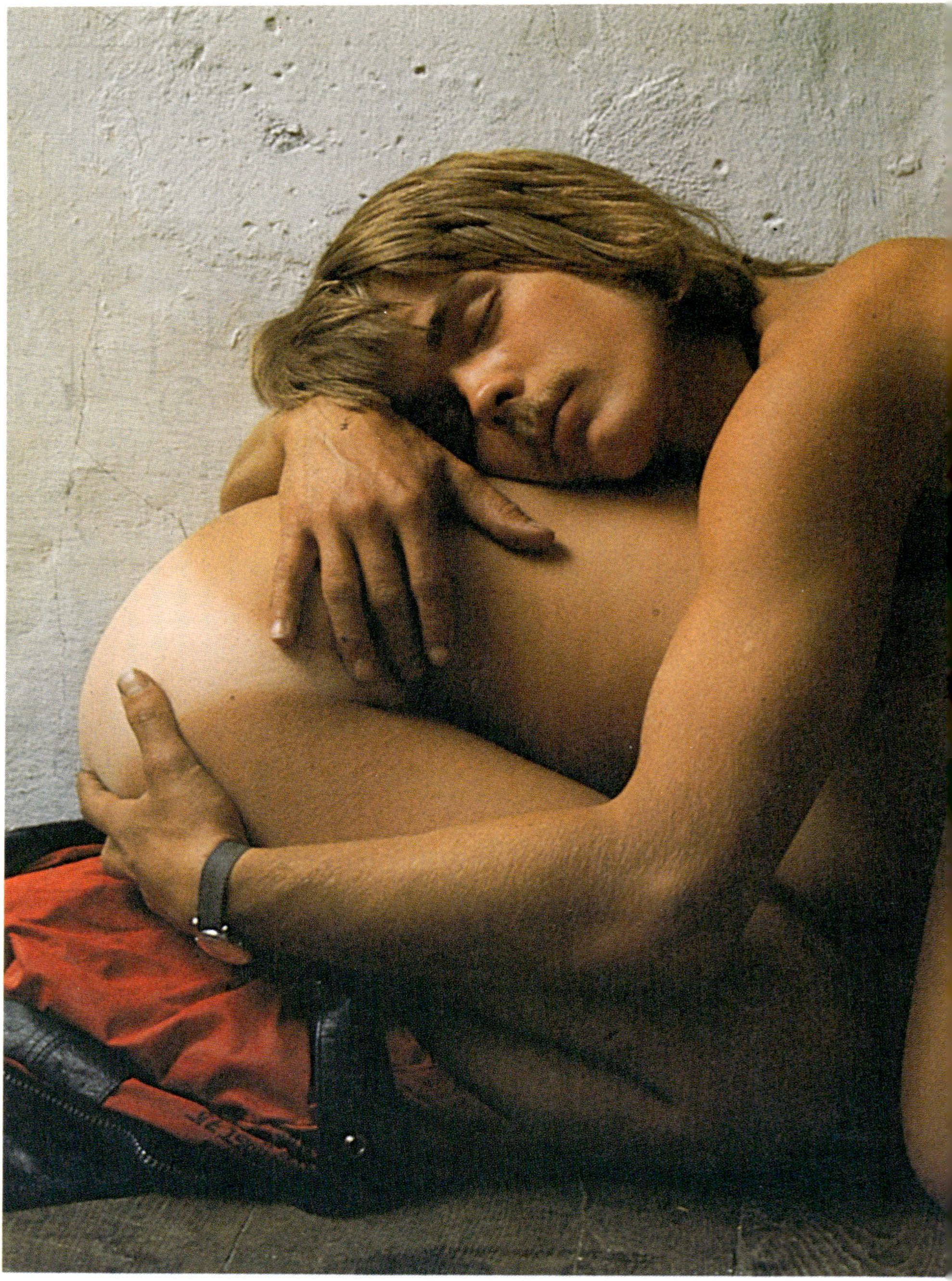

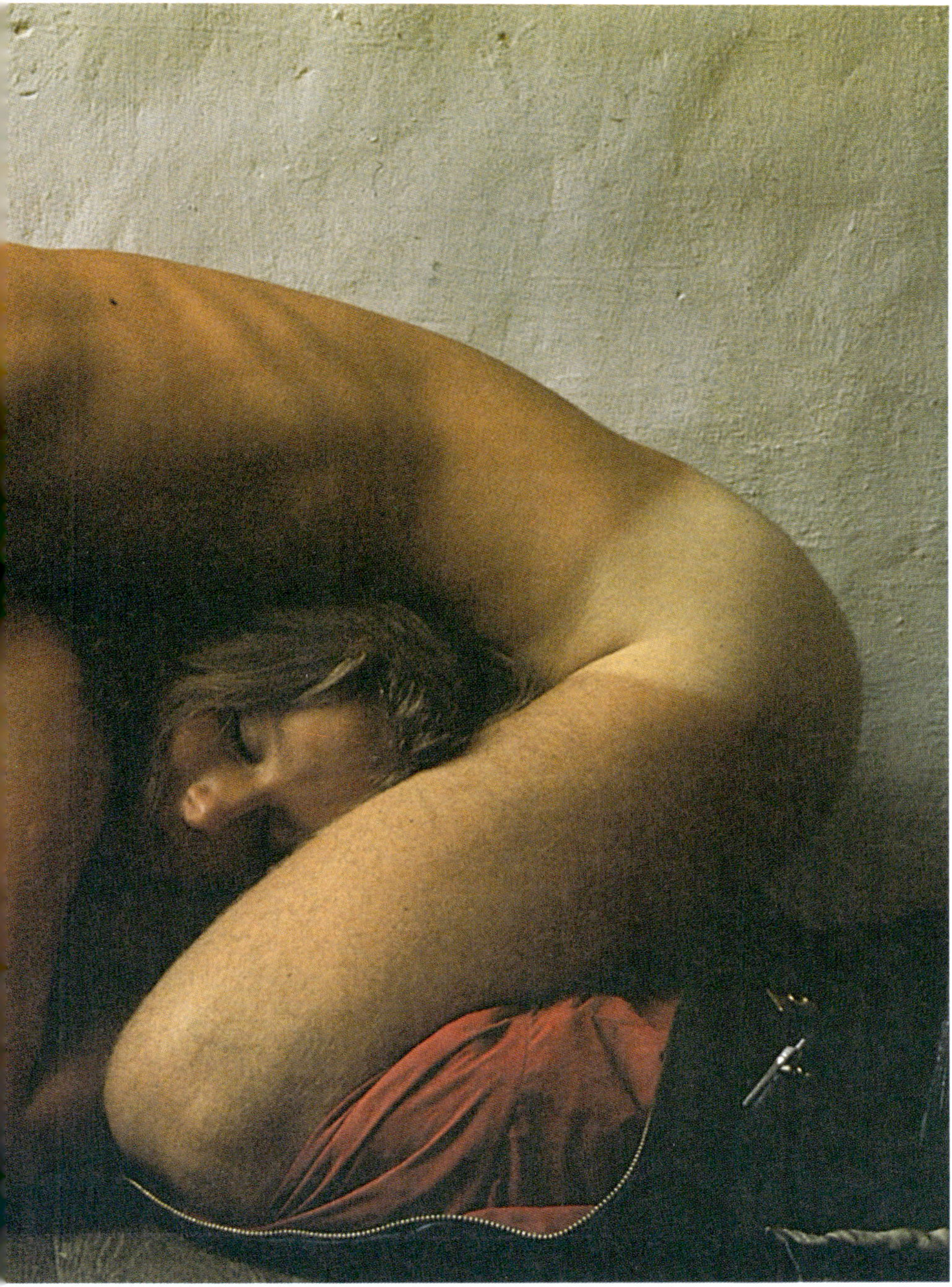

KOMM

„Wach auf, mein Mädchen,
steh auf, meine Geliebte
und komm zu mir;
denn vergangen ist
die traurige Zeit ohne dich,
die Wolken sind der Sonne gewichen.
Unsere Liebe kann wieder blühen."

Unsere Liebe ist eine Knospe,
die aufbricht im Frühling
mit ihrem Duft
verwandelt sie die Welt.
In allen Ländern singen die Sänger
dein Lied.
Ihr Ton trifft meine Seele
ihre Musik erfüllt mein Herz.

„Wach auf, mein Mädchen,
steh auf, meine Geliebte
und komm zu mir:
Laß mich dich sehen,
laß mich deine Stimme hören;
deine Stimme ist unverwechselbar
und dein Anblick unvergleichlich."

Ich beschwöre euch,
ihr Jungen und Mädchen.
Weckt nicht,
weckt sie nicht auf
die Liebe, wenn sie noch schläft.
Erzwingt sie nicht,
wenn ihr sie nicht empfindet.
Laßt sie ruhn,
bis sie erwacht.

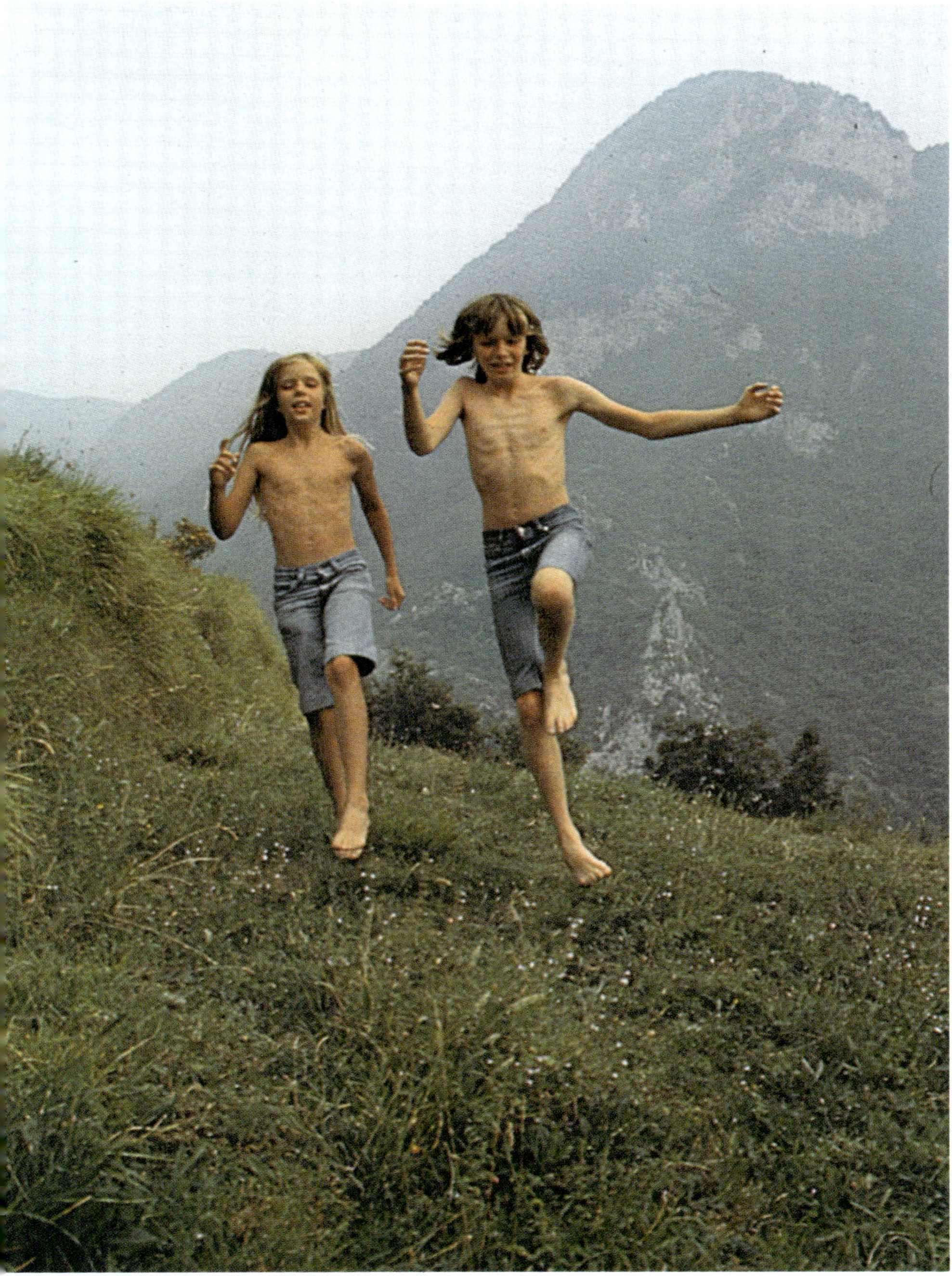

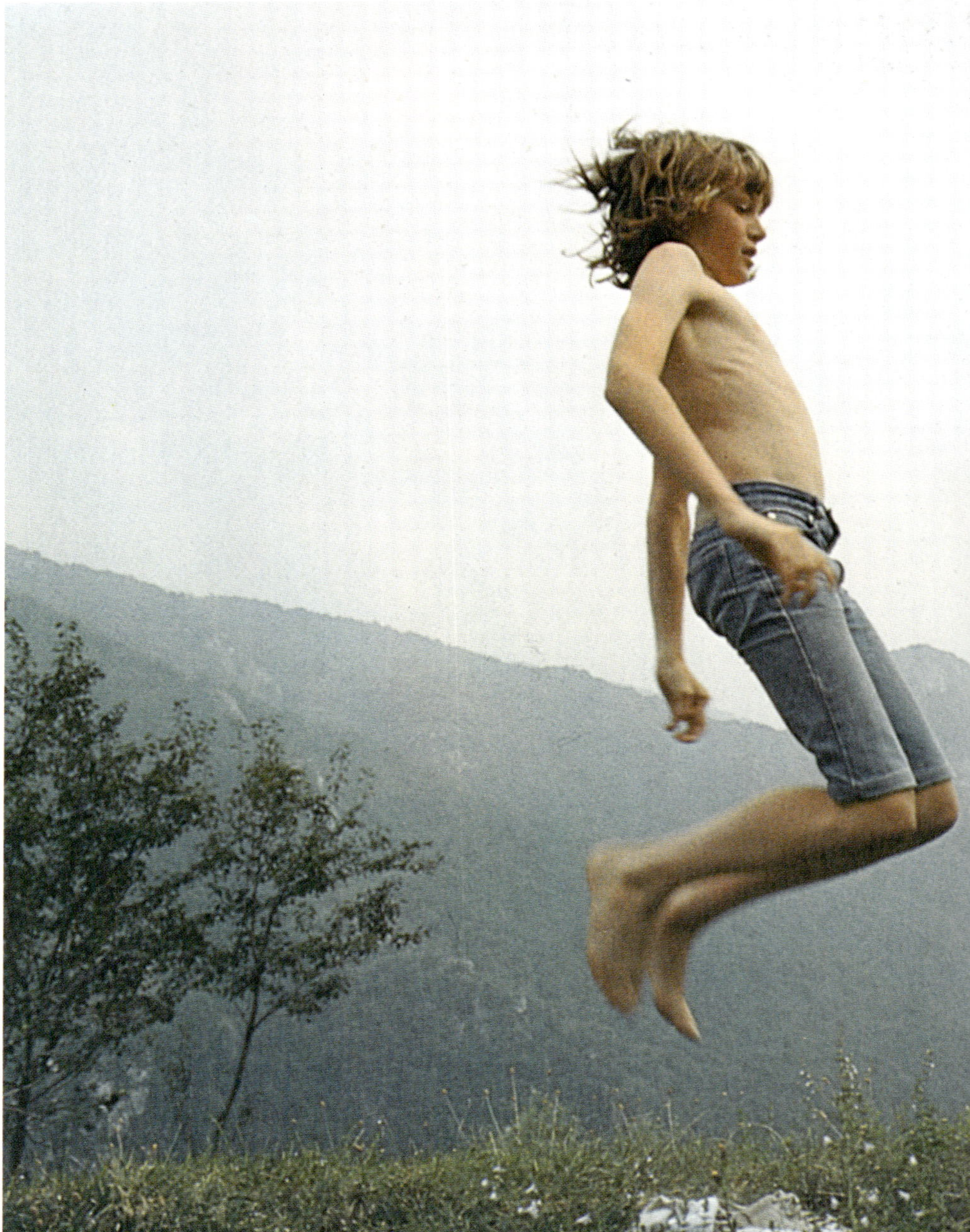

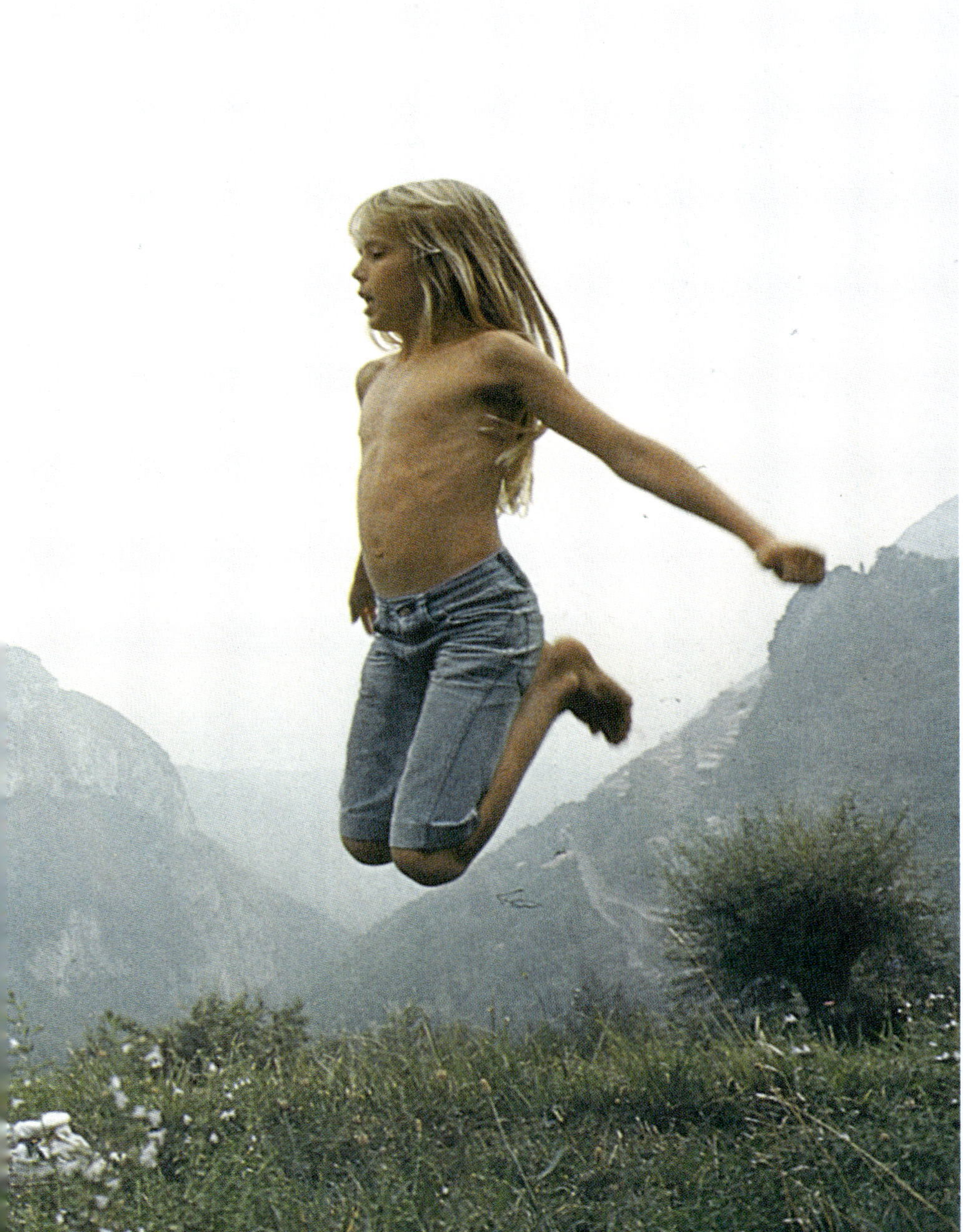

ER

Du bist ein König der Liebe.
Deine Zunge berührt meine Lippen,
deine Küsse schmecken süßer
als Wein.
Wenn ich deinen Körper spüre,
berauscht er mich –
der Geruch deiner Haut
bringt mich um den Verstand.

Wenn ich deinen Namen ausspreche,
atmen ihn die Mädchen tief ein.
Wenn ich deinen Namen höre,
lindert er meinen Schmerz
wie eine kühlende Salbe.
Alle Mädchen verlangen nach dir.

Komm, nimm meine Hand
und führe mich zu dir.
Du bist der König der Liebe,
deine Küsse auf meiner Haut
schmecken besser als süßer Wein.

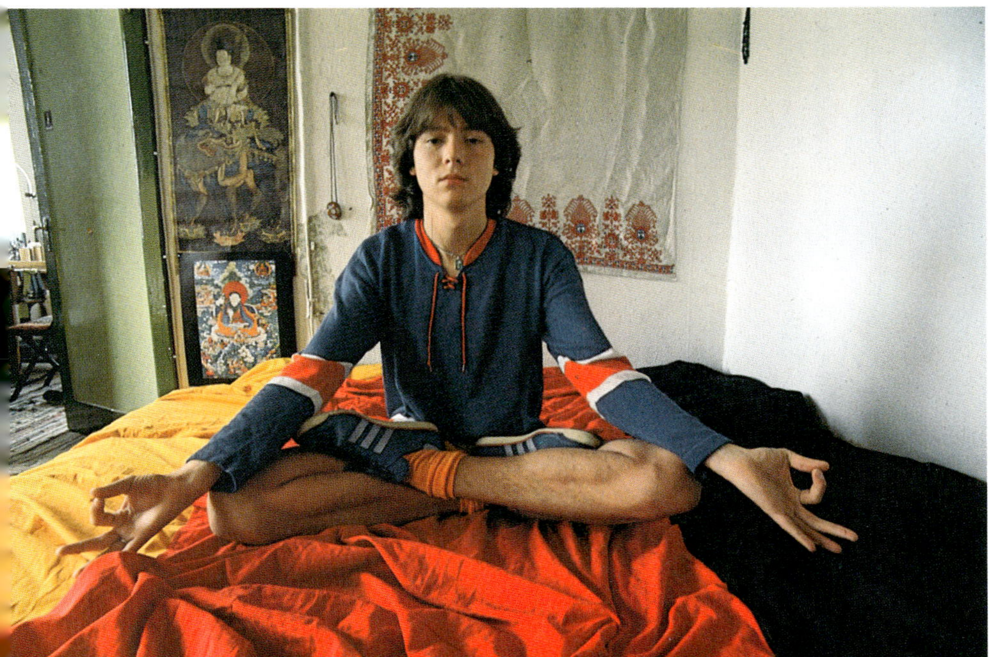

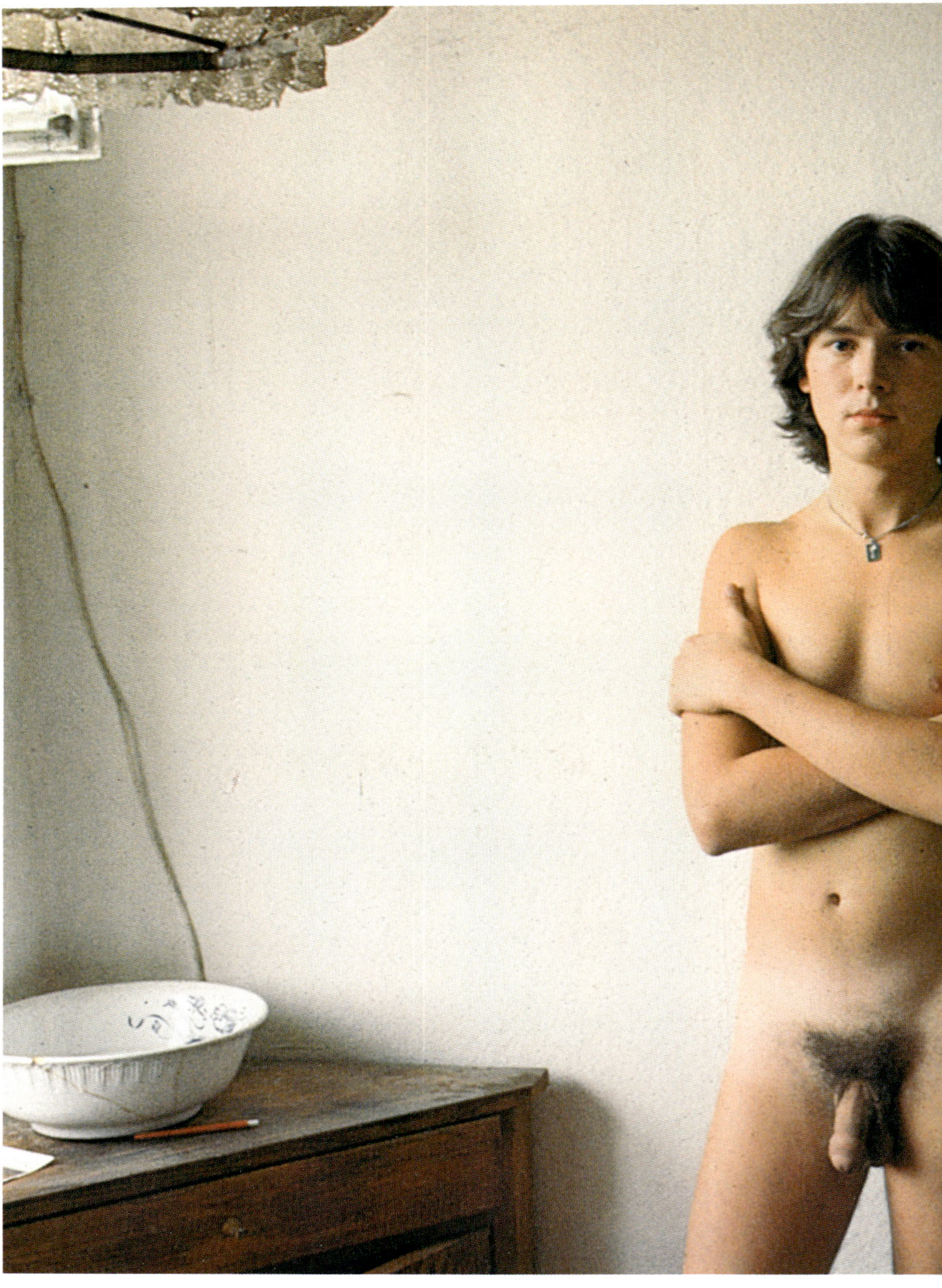

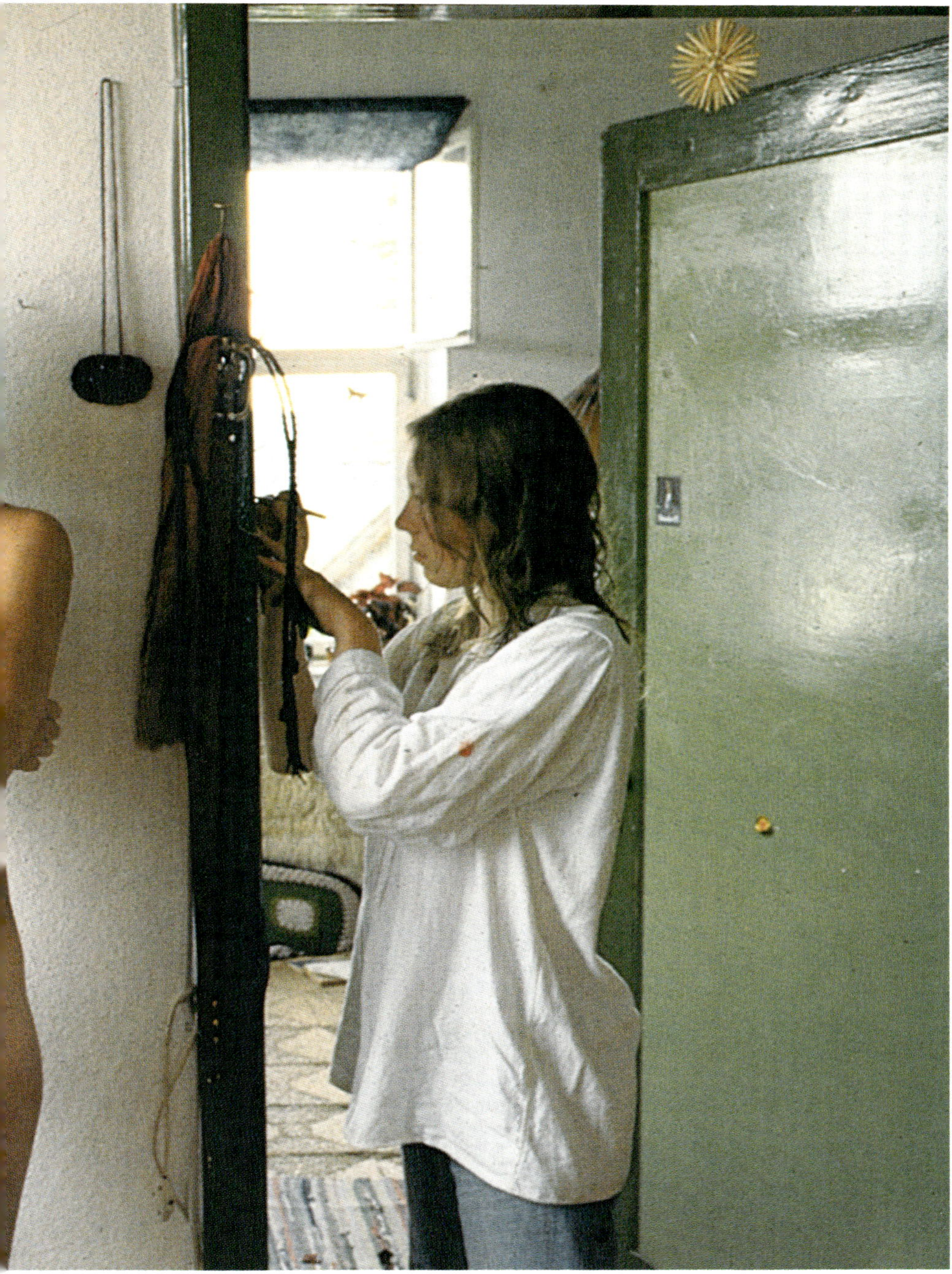

GLEICH UND GLEICH

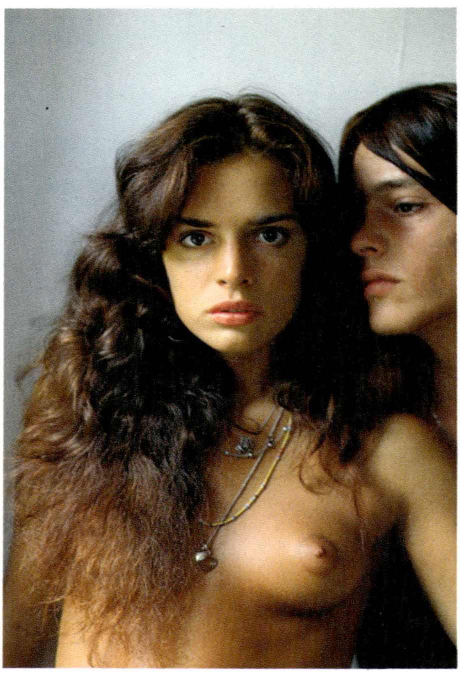

Meine Haut ist dunkel –
gebräunt von der Sonne
am ganzen Körper.
Wie aus braun-schwarzem Samt,
so glänzend ist meine Haut,
wie ein gewebter Teppich aus Seide,
so weich sind meine Poren.

Viele rümpfen die Nase,
weil mich Wind und Wetter
gebräunt haben.
Ihr sagt Zigeuner zu mir – warum?
Weil ich dunkler bin als ihr?
Viele sehen mich schief an,
weil ich selbstbewußt
und ungebunden bin;
wie ein Junge.
Ich passe nicht in ihre Vorstellungen,
weil ich offen und natürlich bin;
denn nicht nur in der Liebe
sind mein Geliebter und ich gleich.

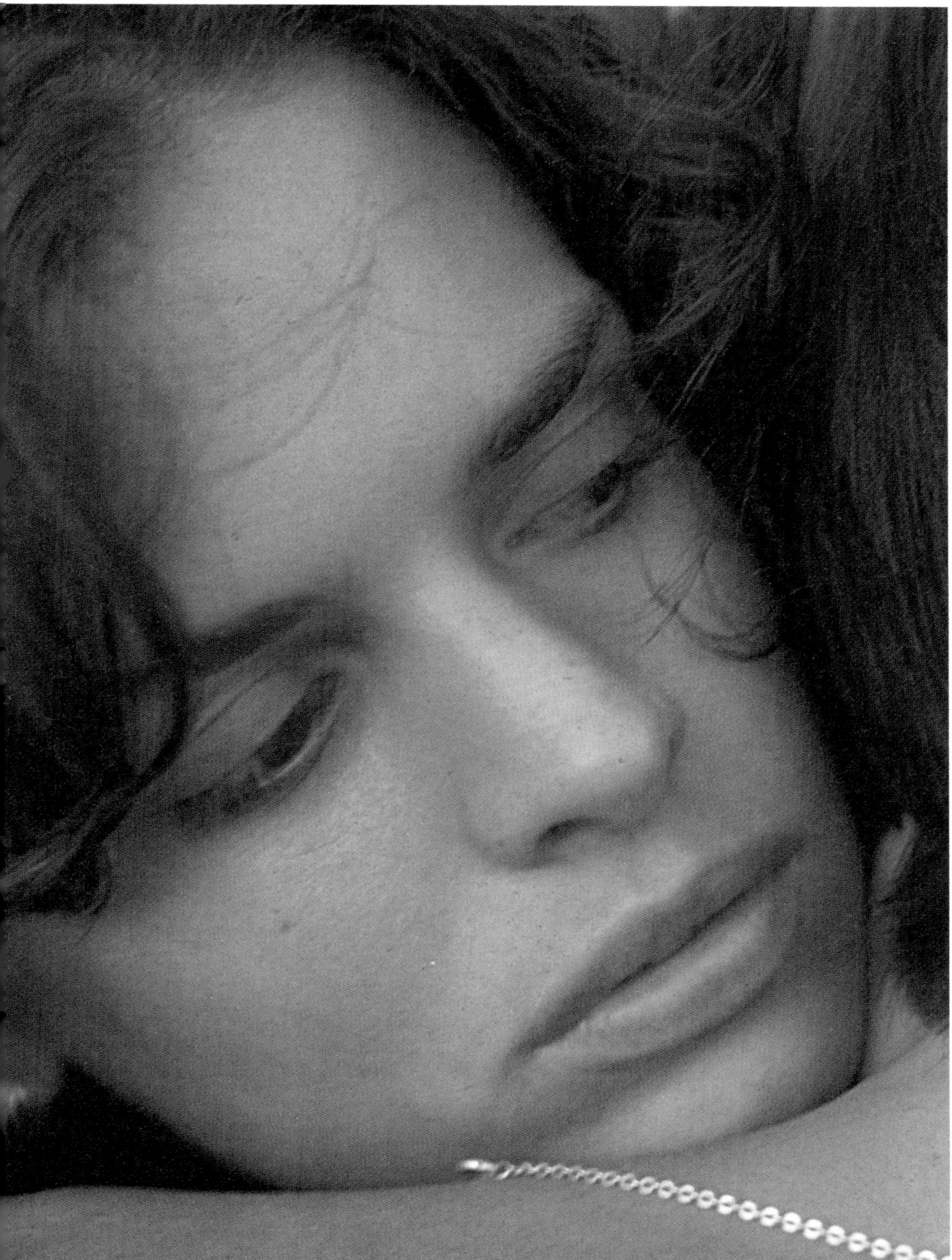

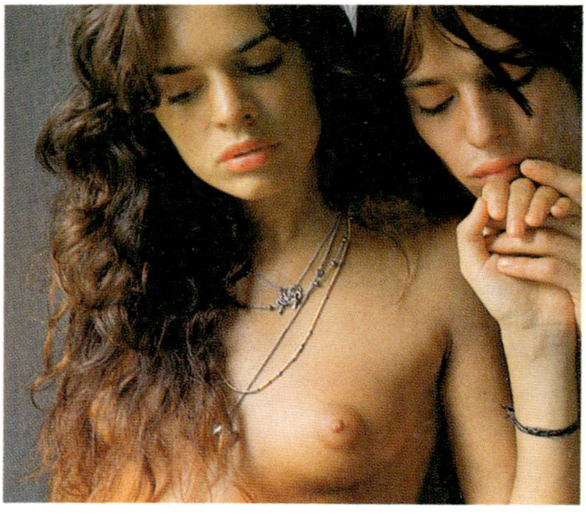

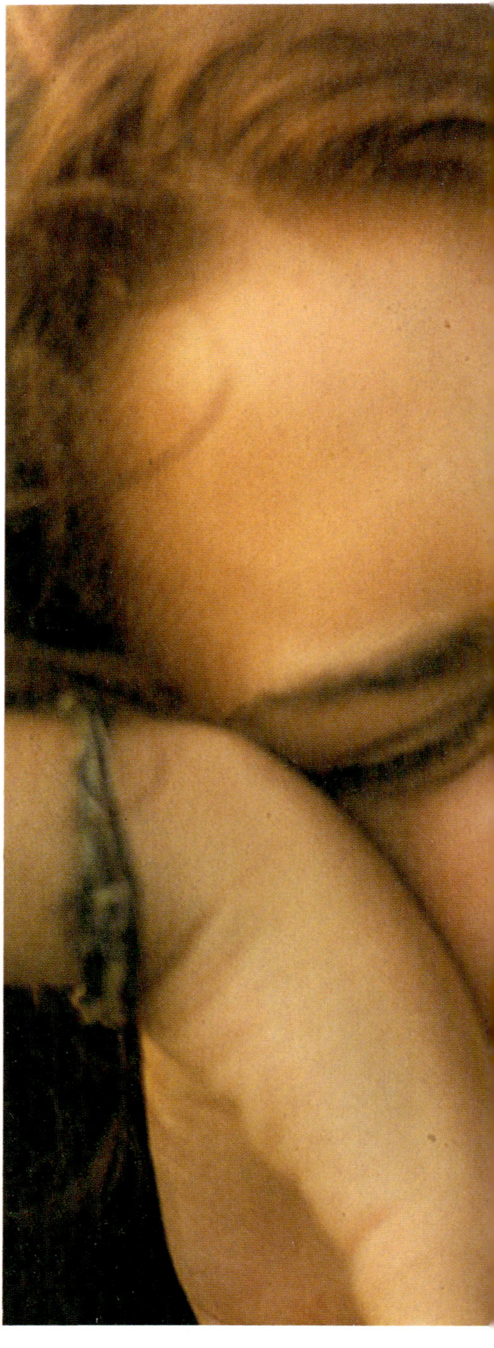

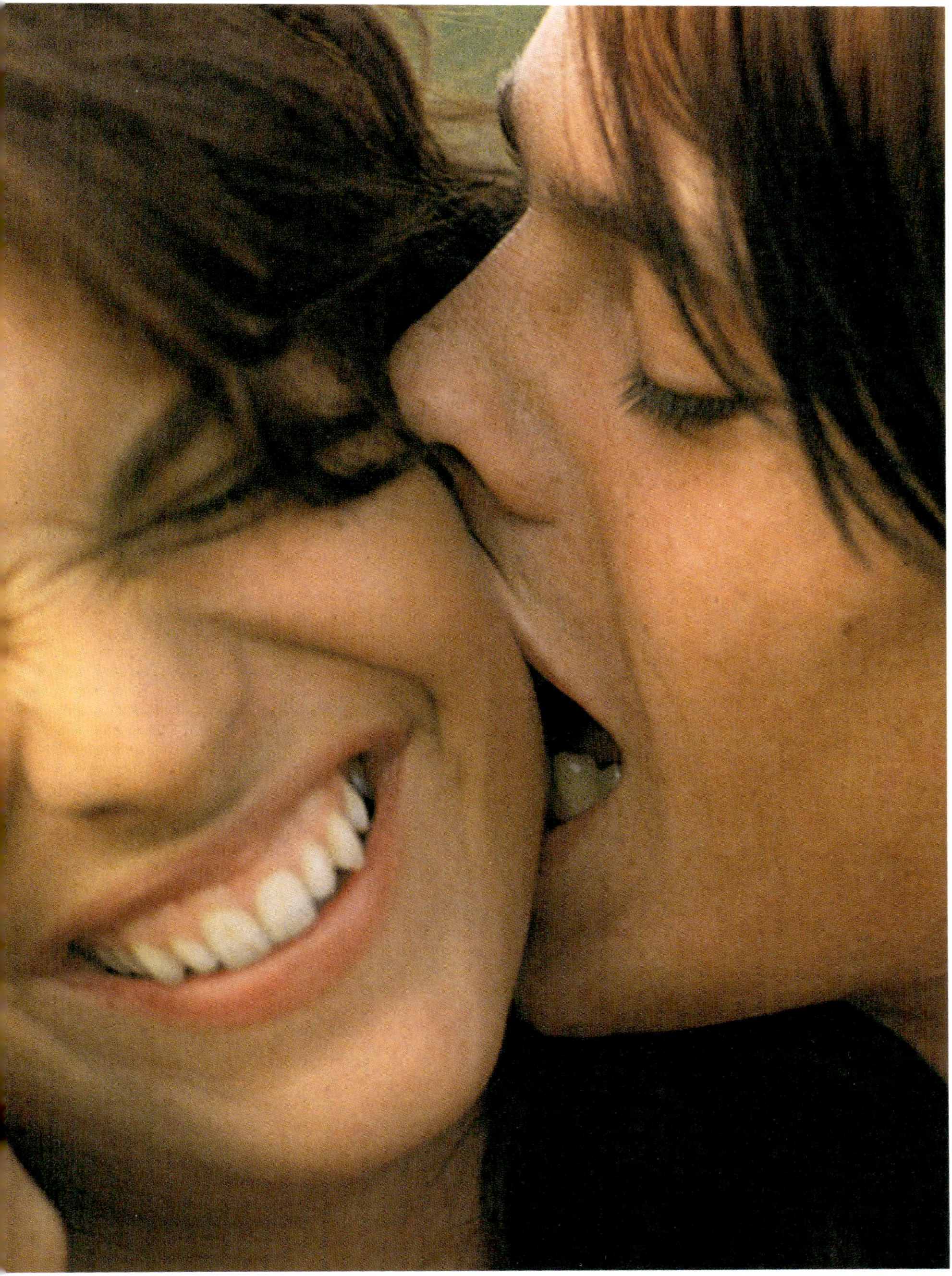

QUELLE

„Eine Quelle kristallklaren Wassers,
ein Strom der Lebensfreude,
der zu deinem Mädchen fließt,
das bist du, mein geliebter Freund.

Wach auf, du schöner Traum
und durchdringe meinen Geliebten,
damit seine Schritte zu mir finden.
Komm, mein Freund,
in meinen Garten,
in den Garten meiner Liebe.”

„Ich komme zu dir,
mein geliebtes Mädchen,
in dir will ich glücklich sein.”

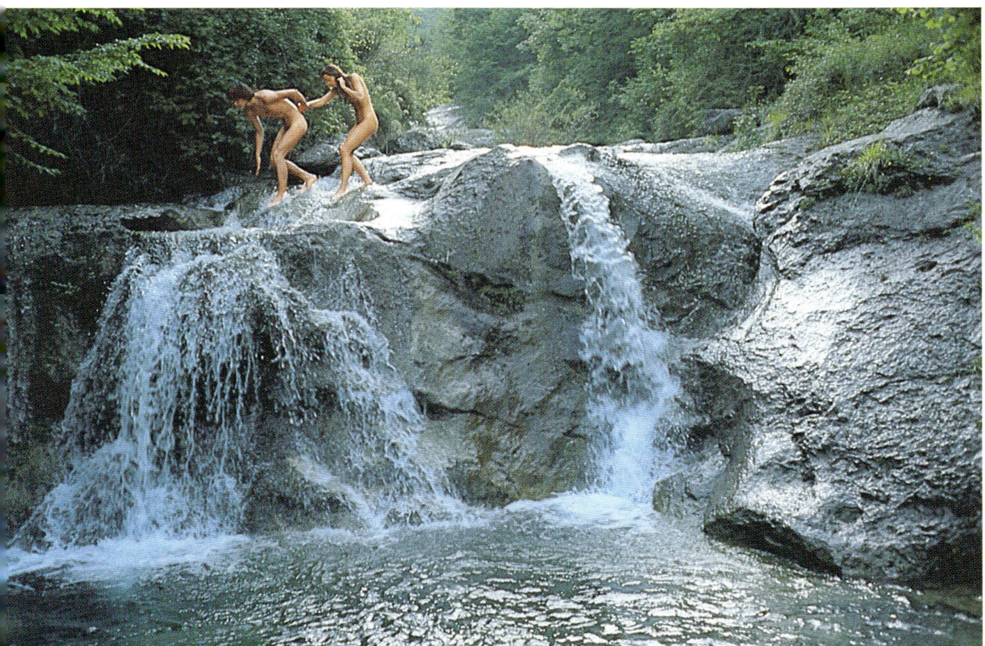

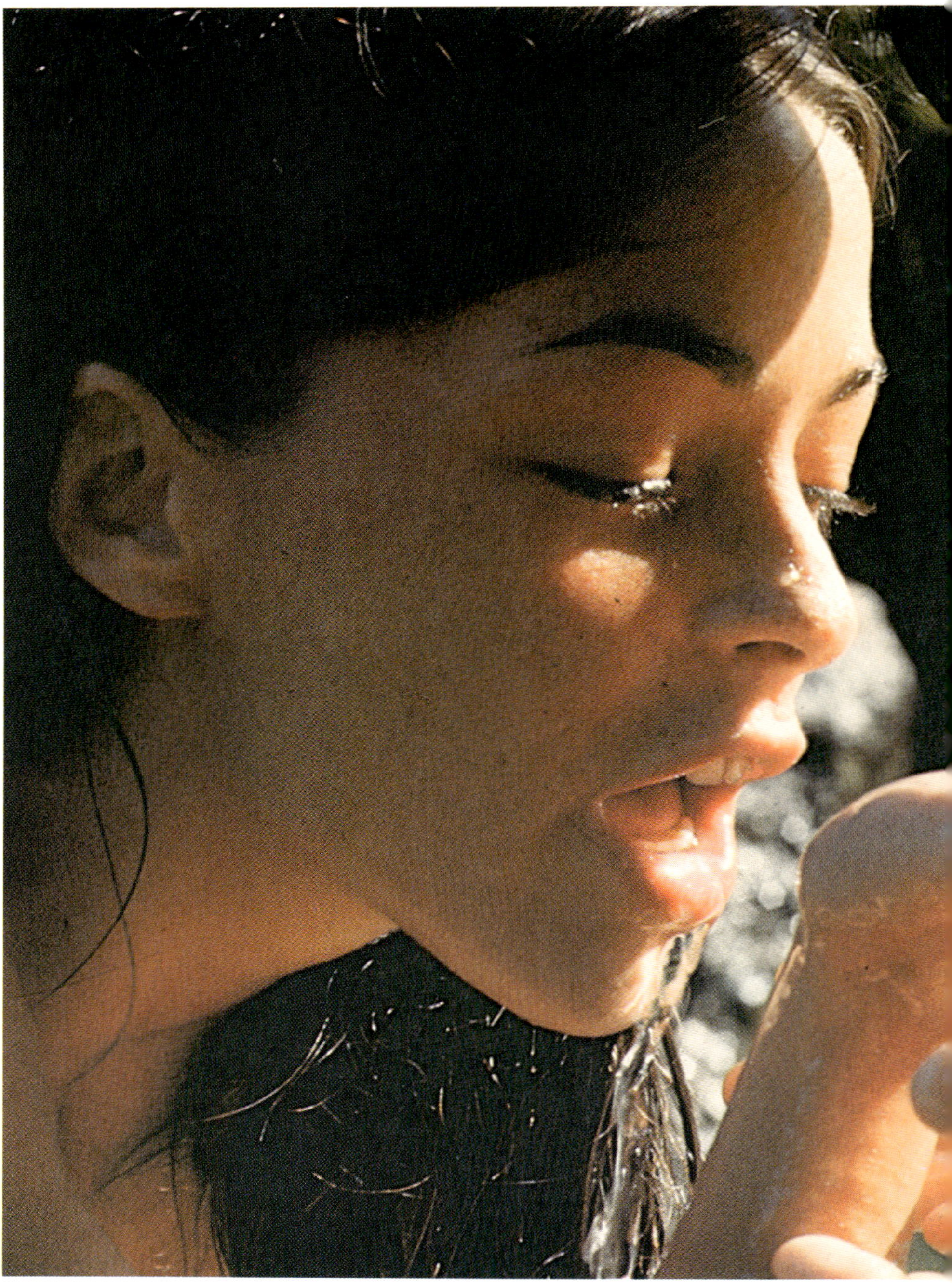

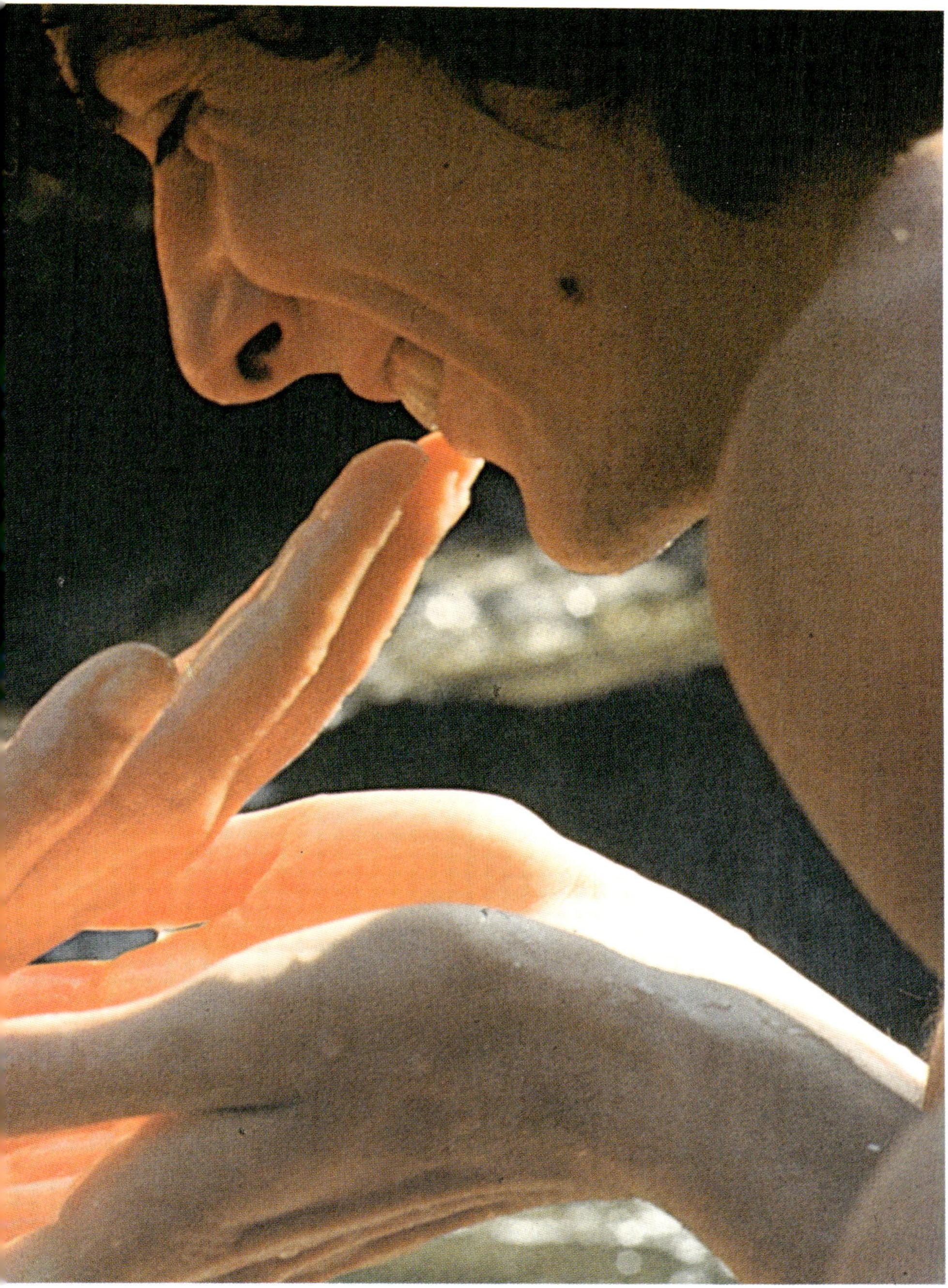

ICH HABE DICH ENTDECKT

Was ist das für ein Mädchen,
das mich anleuchtet als Morgenrot,
das die Nacht erhellt
wie der Mond,
und den Tag erwärmt,
wie die Strahlen der Sonne.

„Ich bin zu meinem Mädchen
gegangen
und habe sie entdeckt.
Ich habe die Knospen gesehen,
die sich zur vollen Schönheit
entfalten.
Ich habe ihren Körper berührt
und sie entdeckt mit meinen Lippen.
Wie Wein,
der die Menschen berauscht,
so ist mein Mädchen.
Ich kenne mich nicht wieder;
wie auf Wolken gebettet,
lebe ich im Himmel unseres Glücks."
„Ich gehöre meinem Freund
und nach ihm sehne ich mich
Tag und Nacht.
Keinem anderen will ich gehören."

HORCH

Mein Freund, mein Freund,
er kommt und läuft,
er singt und tanzt durch die Straßen.
Ich höre ihn schon von weitem,
keiner kann ihn aufhalten,
ihm den Weg versperren.
Er kommt zu mir,
zu mir in mein Haus –
bis in mein Herz.
Voll Verlangen steht er vor mir.

KOMM GEHEN WIR

um miteinander zu träumen.
Wir wollen nicht warten,
bis die Blätter vertrocknet sind,
wir wollen lieben,
leben wollen wir,
solange unsere Liebe
noch frisch ist wie Tau.
Der große Zauber
wird uns gefangennehmen,
wir werden trinken und schmecken,
in der Liebe uns berauschen.

Ich bewundere dich,
den ich liebe.
Vor Glück sind meine Augen feucht.

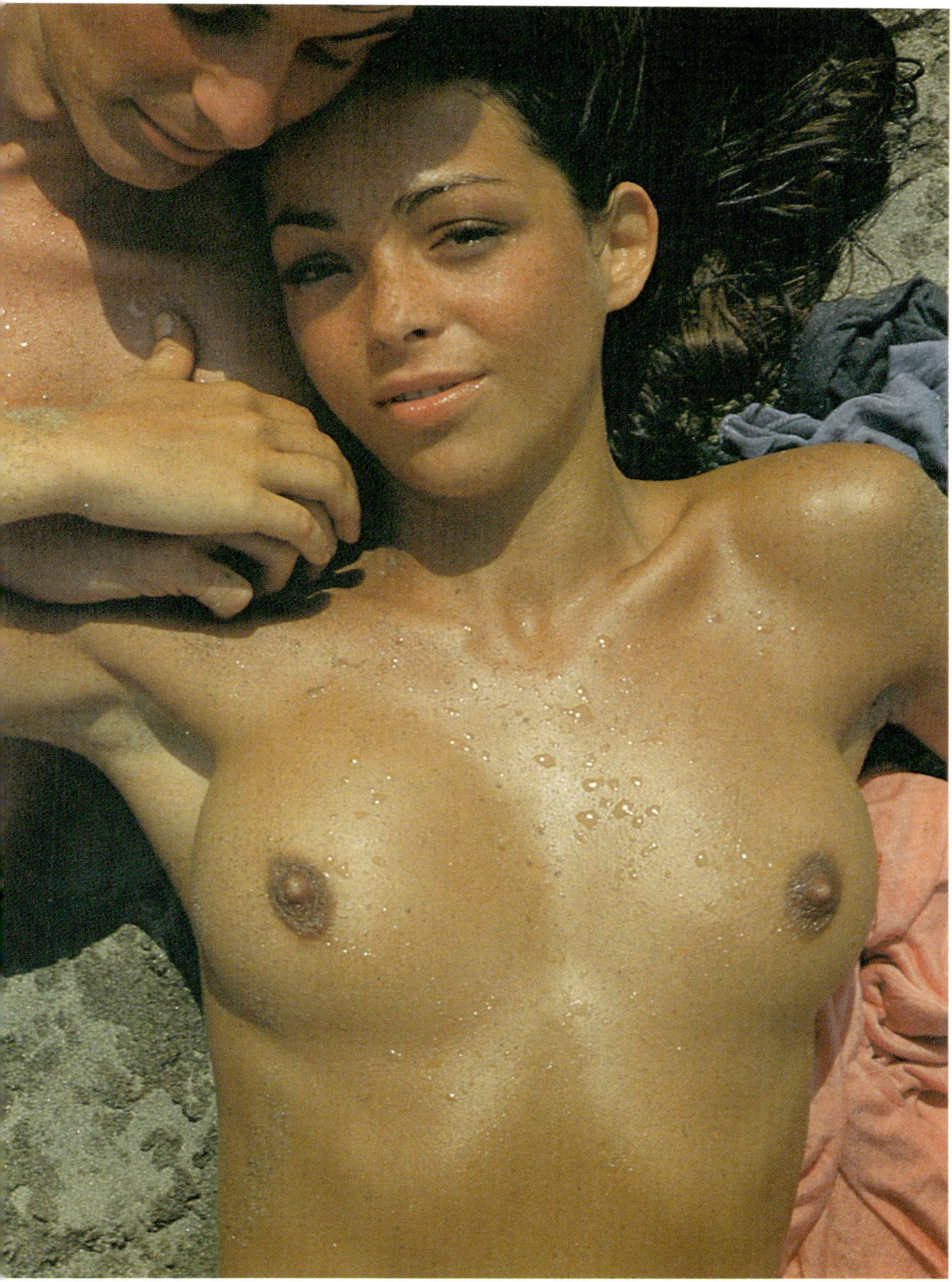

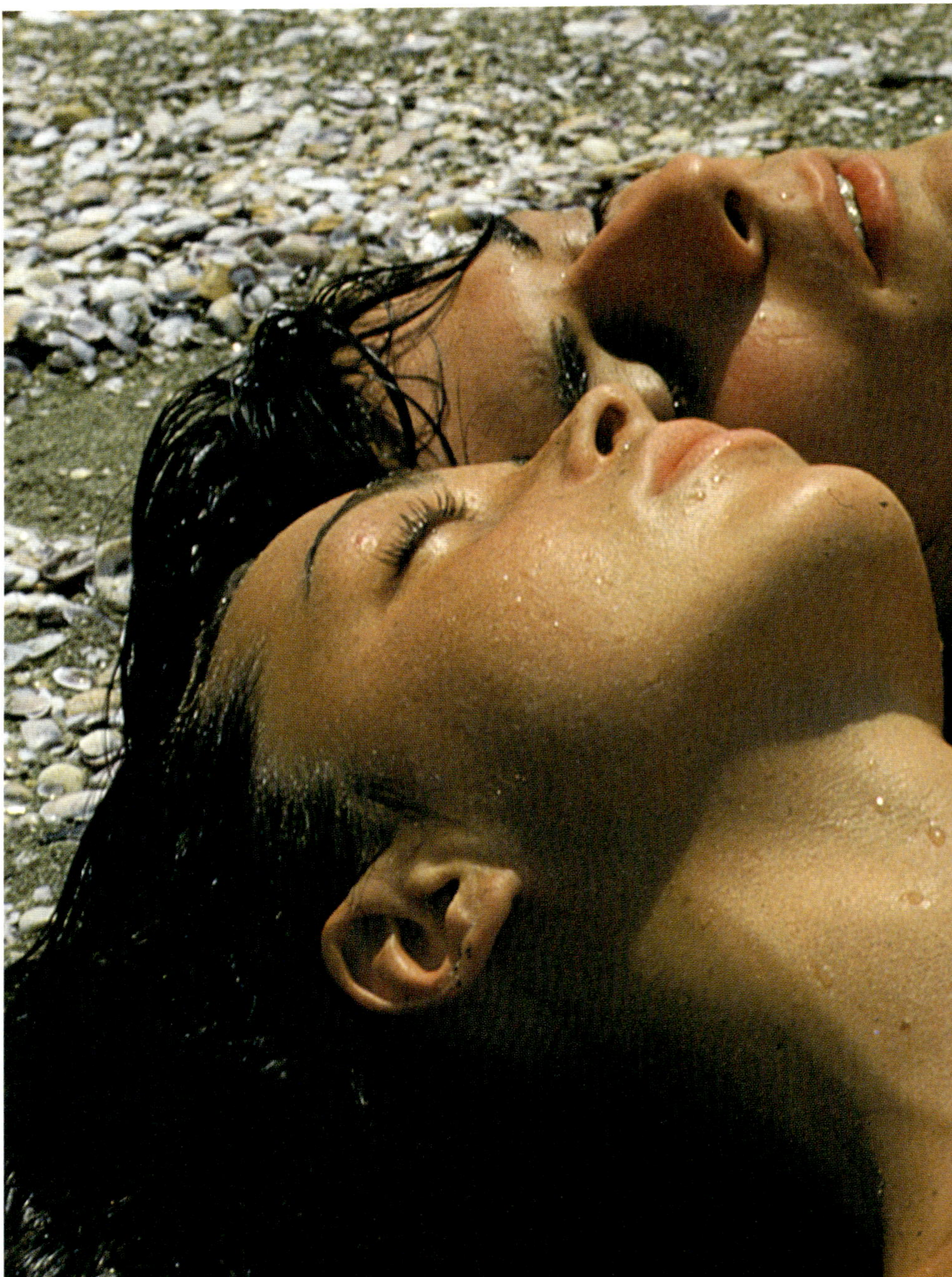

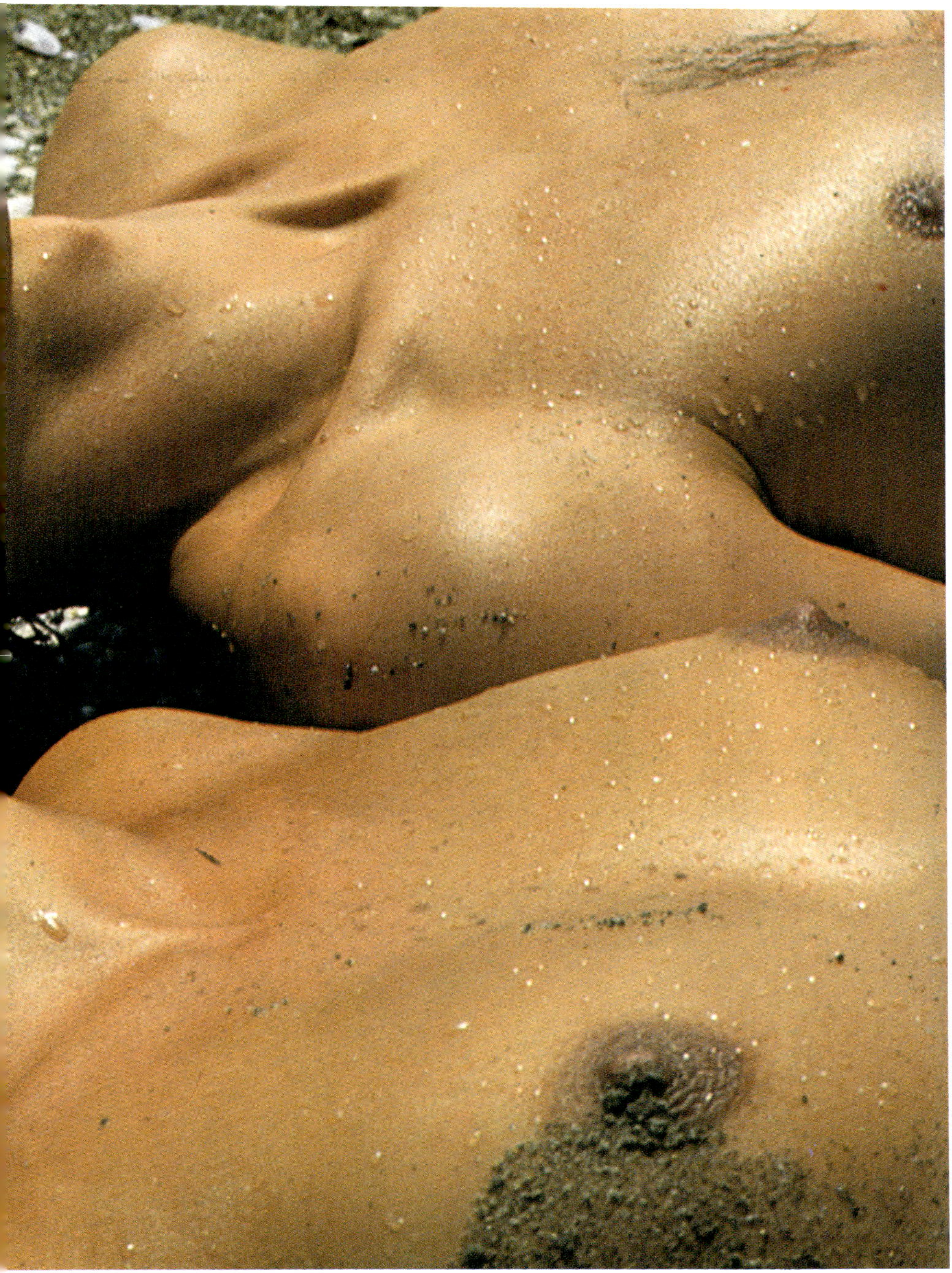

MEIN GELIEBTER

Ich wünschte, du wärst mein Bruder:
Du wärst Tag und Nacht bei mir
und niemand würde sich
daran stoßen.
Ich könnte Dich
auf offener Straße küssen,
und keiner würde sagen:
„Du bist noch zu jung!"
Ich nehme dich mit zu mir
und wir können uns endlich lieben.
Ich begreife dich
mit meinen Händen.
Ich will dich umweben
mit meiner Zärtlichkeit
als wenn feine Seide dich umspannt.
Du berührst mich
und ich nehme dich auf in mich.
Deine Linke liegt unter meinem Kopf
und deine Rechte umarmt mich.

Ich beschwöre euch,
ihr Jungen und Mädchen.
Weckt nicht, weckt sie nicht auf,
die Liebe, wenn sie noch schläft.
Laßt sie ruhen, bis sie erwacht.

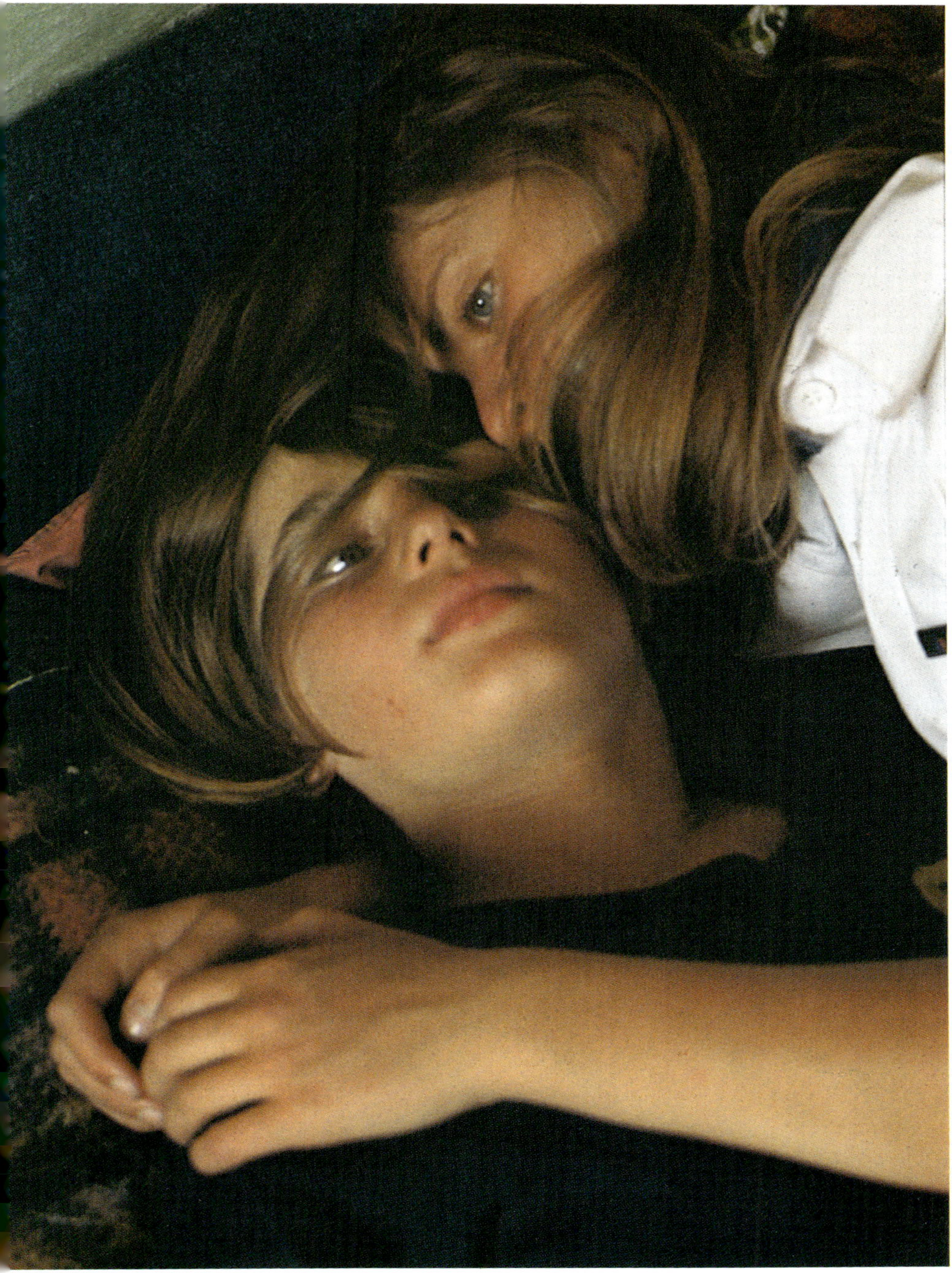

DU BIST SCHÖN

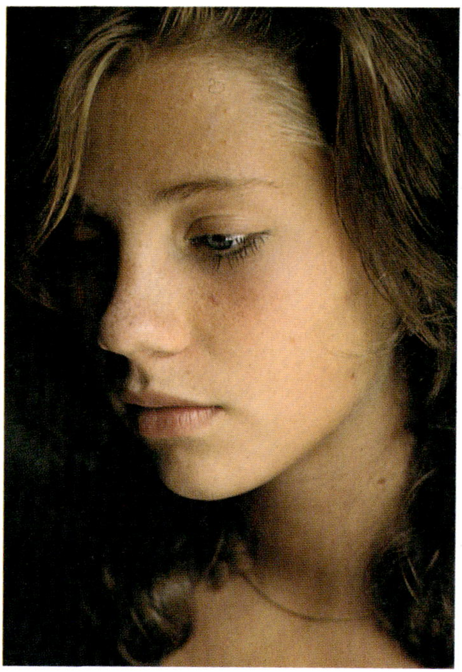

Dein Gesicht ist ein Traum
aus meinen kühnsten Träumen;
deine Augen spiegeln den Himmel –
ein tiefes Meer.

Du bist atemberaubend;
wenn ich dich erblicke,
stockt mein Atem.
Ich umfasse dich mit meinen Händen
immer wieder
in all meinen Gedanken.
Vor mir
sehe ich dich Tag und Nacht:
Deine Augen leuchten –
meine Sterne im Dunkel.
Dein Haar – aus Samt und Gold –
gleitet durch meine Hände.
Du bist ein Engel,
von Kopf bis Fuß
ein Engel bist du,
mein geliebtes Mädchen.

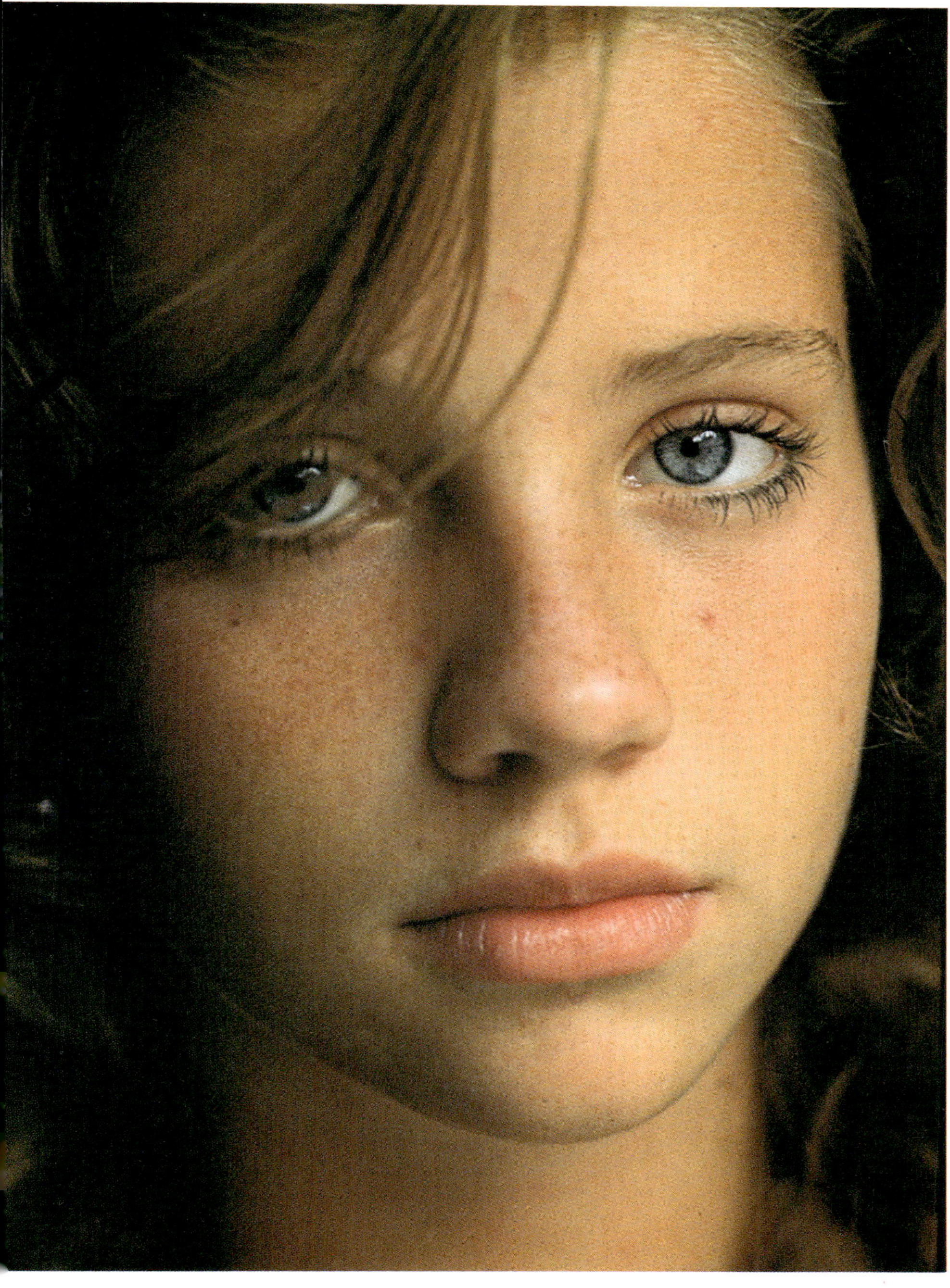

ENTDECKUNG

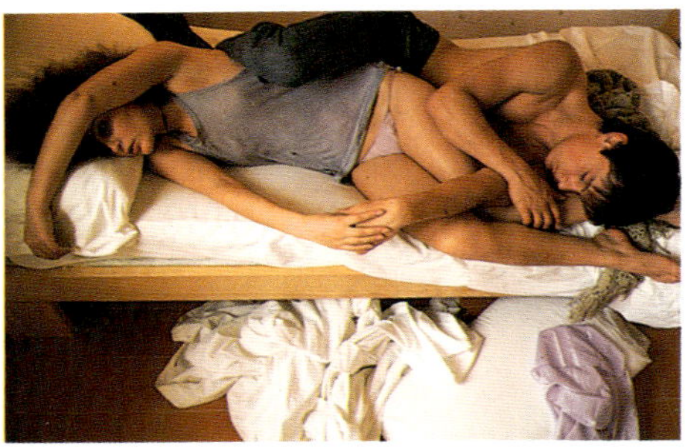

Ich habe dich entdeckt,
mein Mädchen,
deine Schönheit habe ich eingeatmet
meine Luft zum Leben.
Du bist schlank wie eine Palme
und deine Brüste sind
wie Weintrauben.
Ich halte dich fest
und küsse deinen Mund.
Dein Atem berauscht mich.
Ich habe mich verloren in dir.
Meine Zunge berührt
deinen Gaumen
und du schmeckst
wie schwerer Wein.
Deine Küsse geben mir
immer wieder neue Kraft
zu unserer Liebe –
zu unserem Leben.
Schlafende werden geweckt
den Wachen werden
die Augen geöffnet.

„Ich gehöre meinem Freund –
nach ihm sehne ich mich
Tag und Nacht.
Keinem anderen will ich gehören."

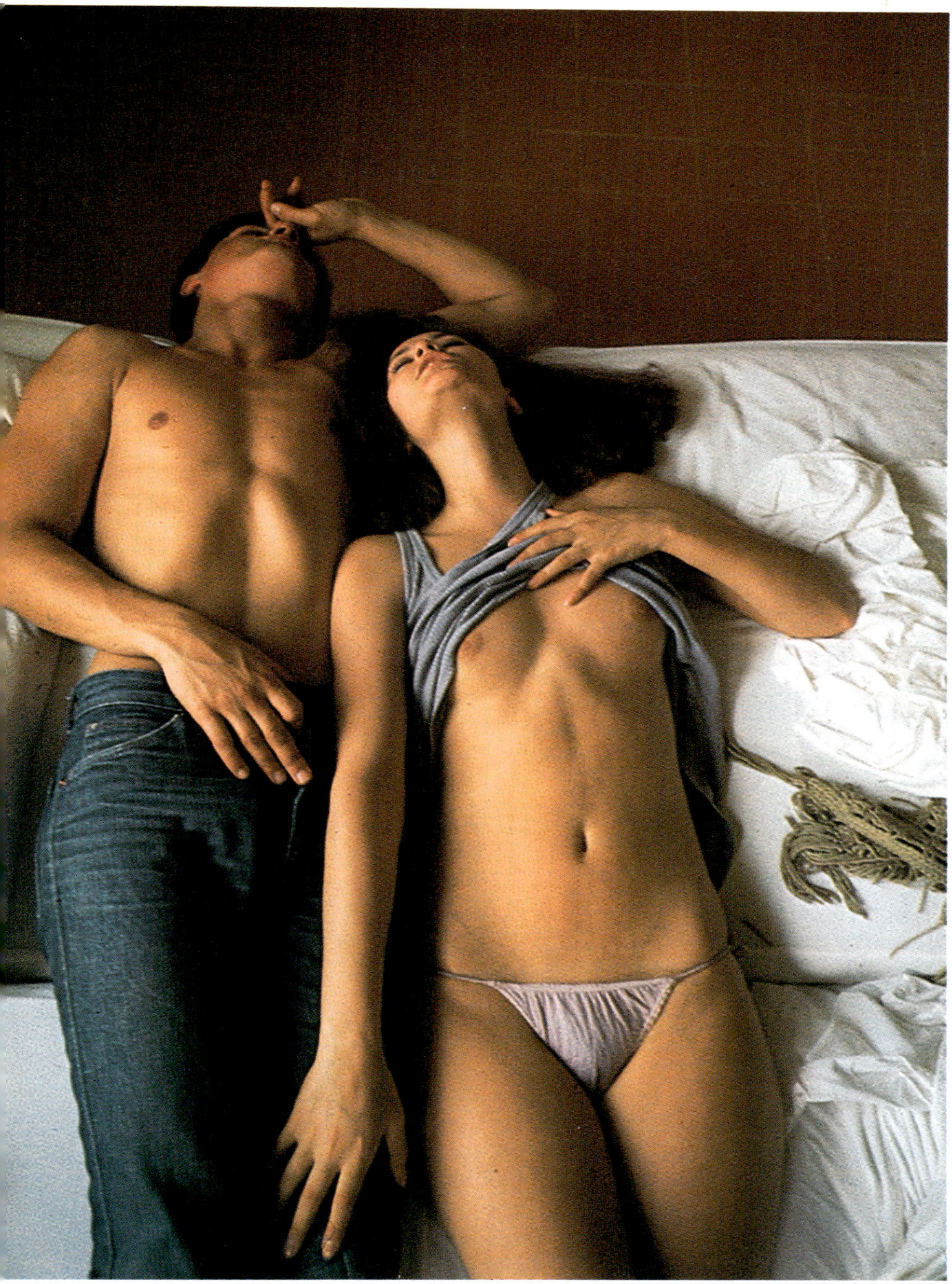

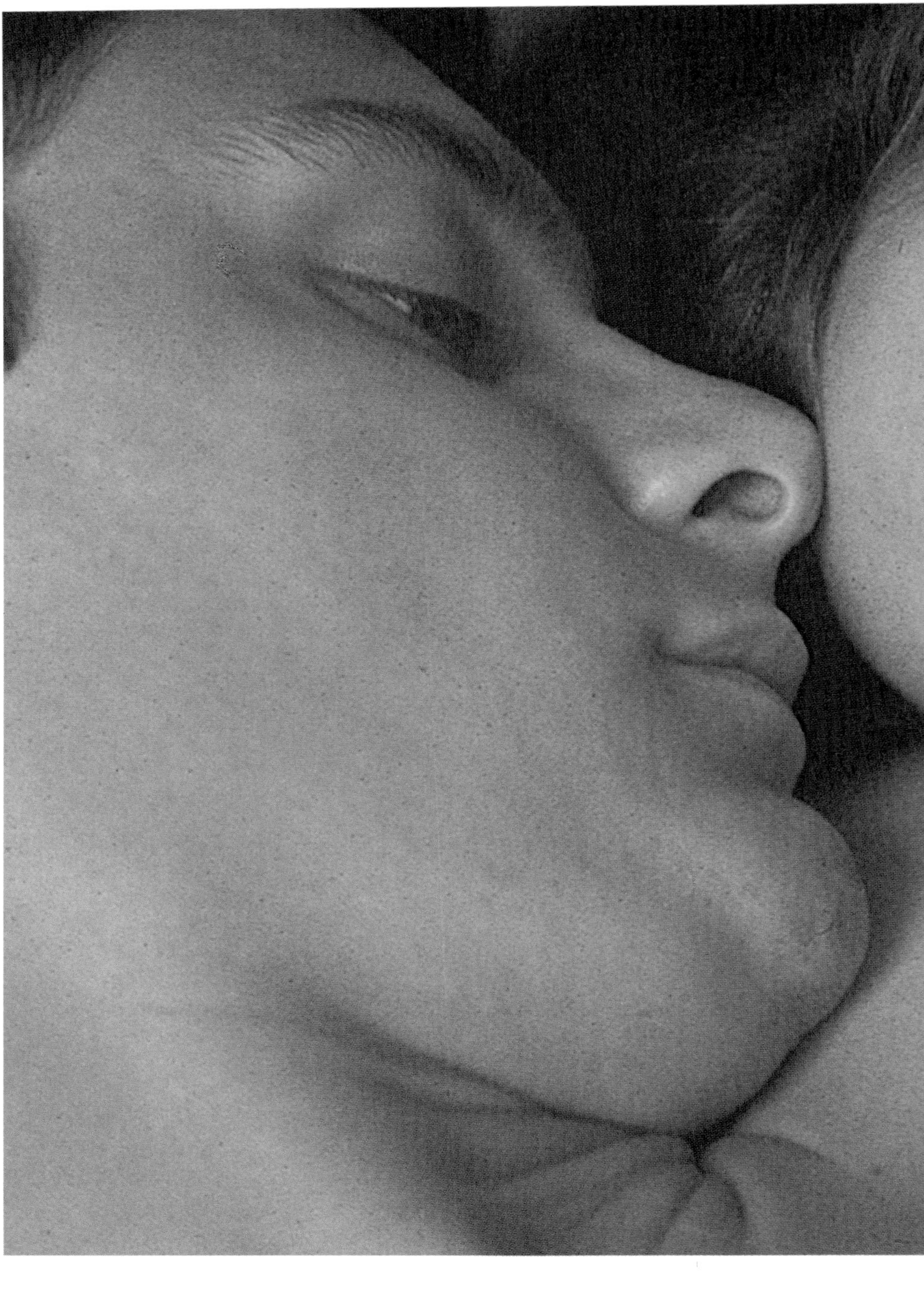

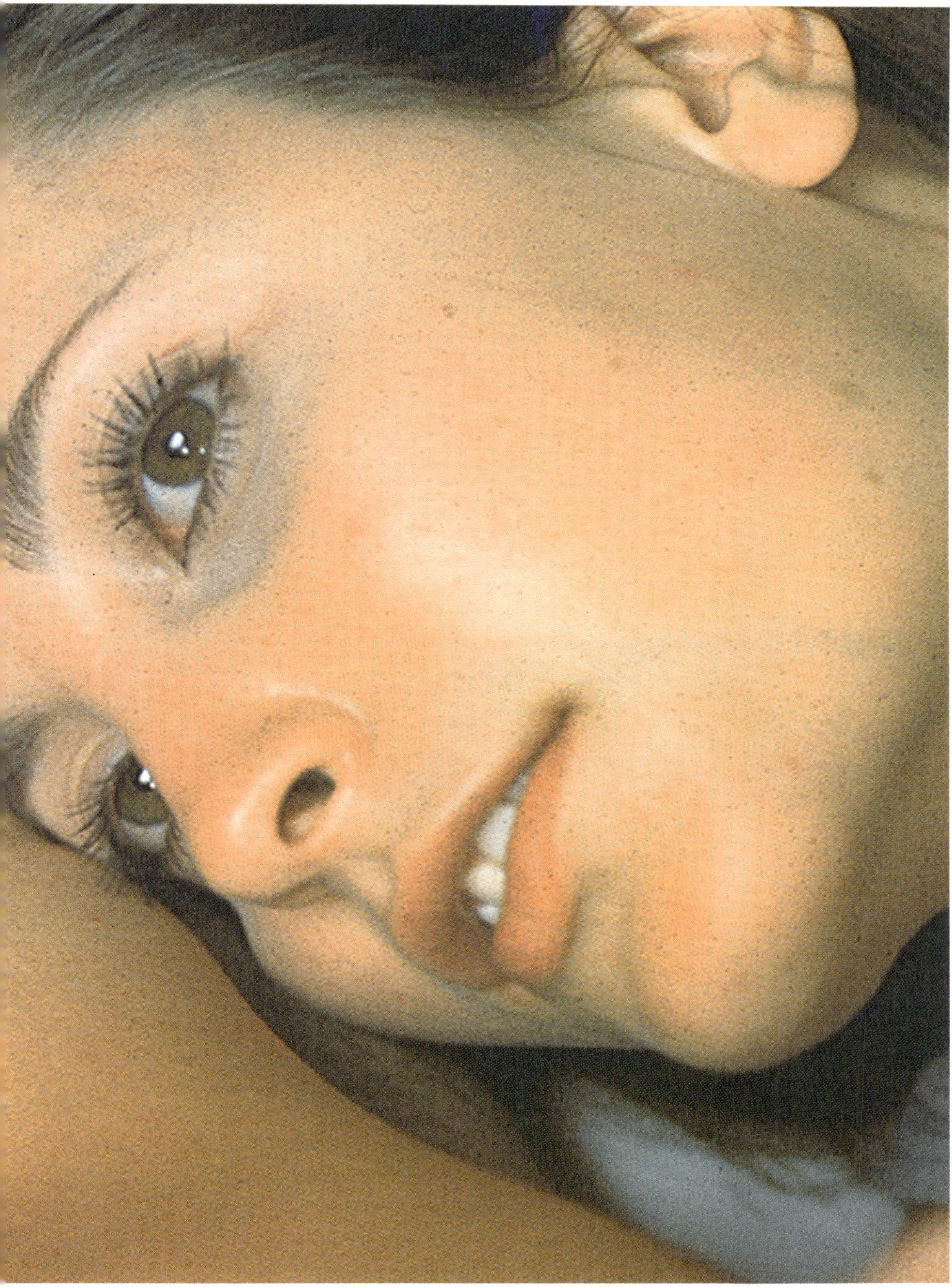

DU BIST MEIN MUND

Wie der Eiffelturm,
der die Geschichte überdauert,
so ist dein Hals:
schlank und geschmeidig.
Deine Brüste,
wenn ich sie
mit den Fingerspitzen berühre,
sind wie zwei Berge in den Alpen.
Ich will durch das Gebirge steigen
und deine Schönheit entdecken
bei jedem Schritt.
Wenn du deine Lippen öffnest,
blitzen deine Zähne
wie Schneefelder.
Rot wie der Mohn,
leuchten deine Lippen.
Dein Mund ist weich wie ein Fell,
an dem ich mich wärme.
Deine Wangen glühen,
wenn ich sie
mit meinem Mund berühre.
Du bist schön,
mein geliebtes Mädchen,
von Kopf bis Fuß
bist du schön.

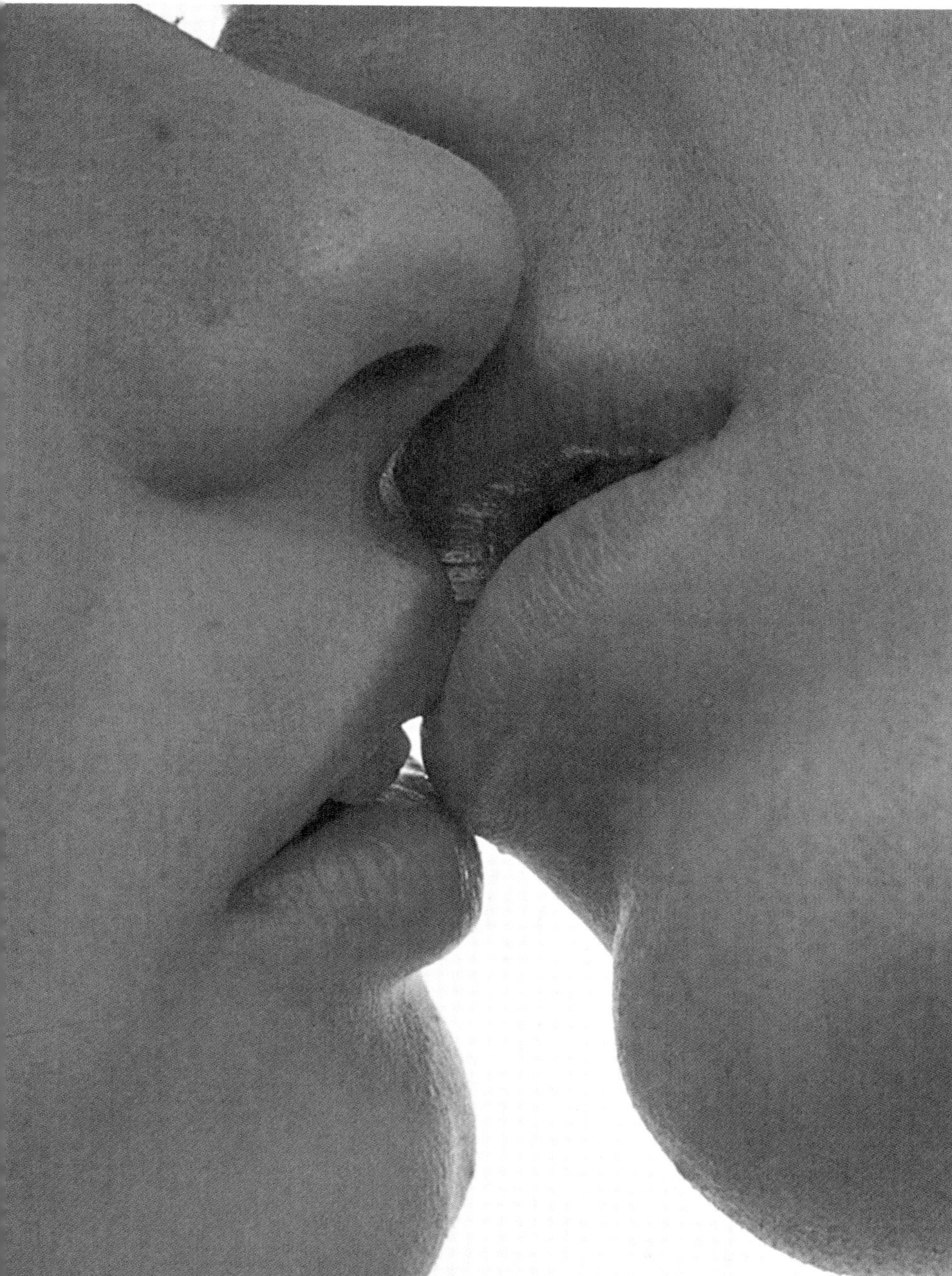

DU HAST MICH VERZAUBERT

Du hast mich verzaubert,
hast mir mein Herz erobert
mit einem einzigen Blick –
mit einer Locke deines Haars.

Schön ist deine Liebe –
berauschender als schwerer Wein.
Der Geruch deiner Haut
betäubt mich
stärker als alle Düfte der Welt.
Wie Honig sind deine Lippen,
wie gefüllte Bienenwaben
so schmeckt dein Mund.

„Ich bin eine Blume auf dem Feld,
eine Lilie im Schnee."
„Ja, eine Rose unter den Dornen,
so ist meine Freundin
unter all den Mädchen."
„Wie eine Eiche im Tannenwald,
so ist mein Freund unter den Jungen.

Wenn er seine Arme ausstreckt,
bin ich in seinem Schatten geborgen.
Er beschützt mich
vor den hämischen Blicken
aller Eifersüchtigen."

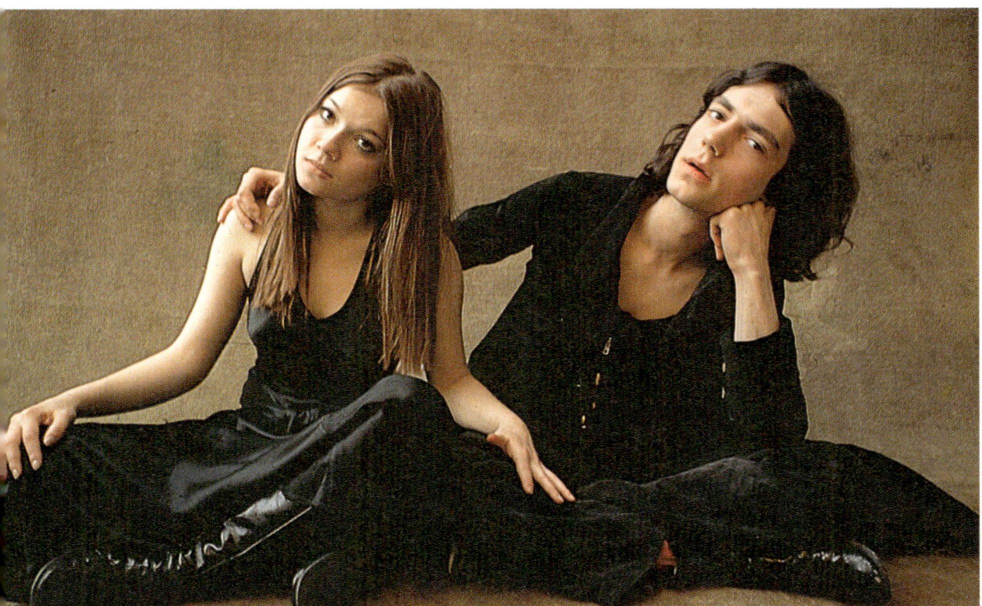

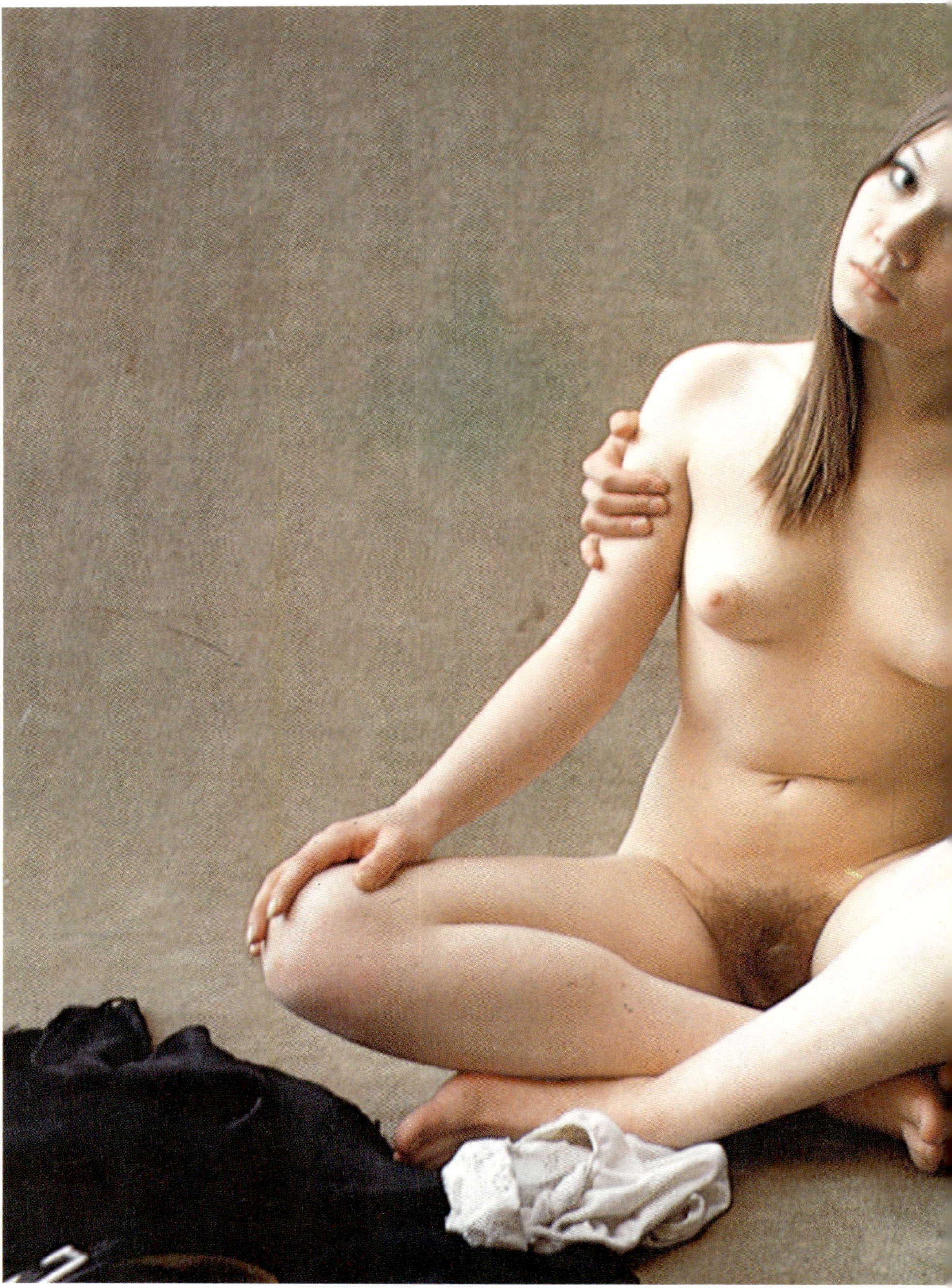

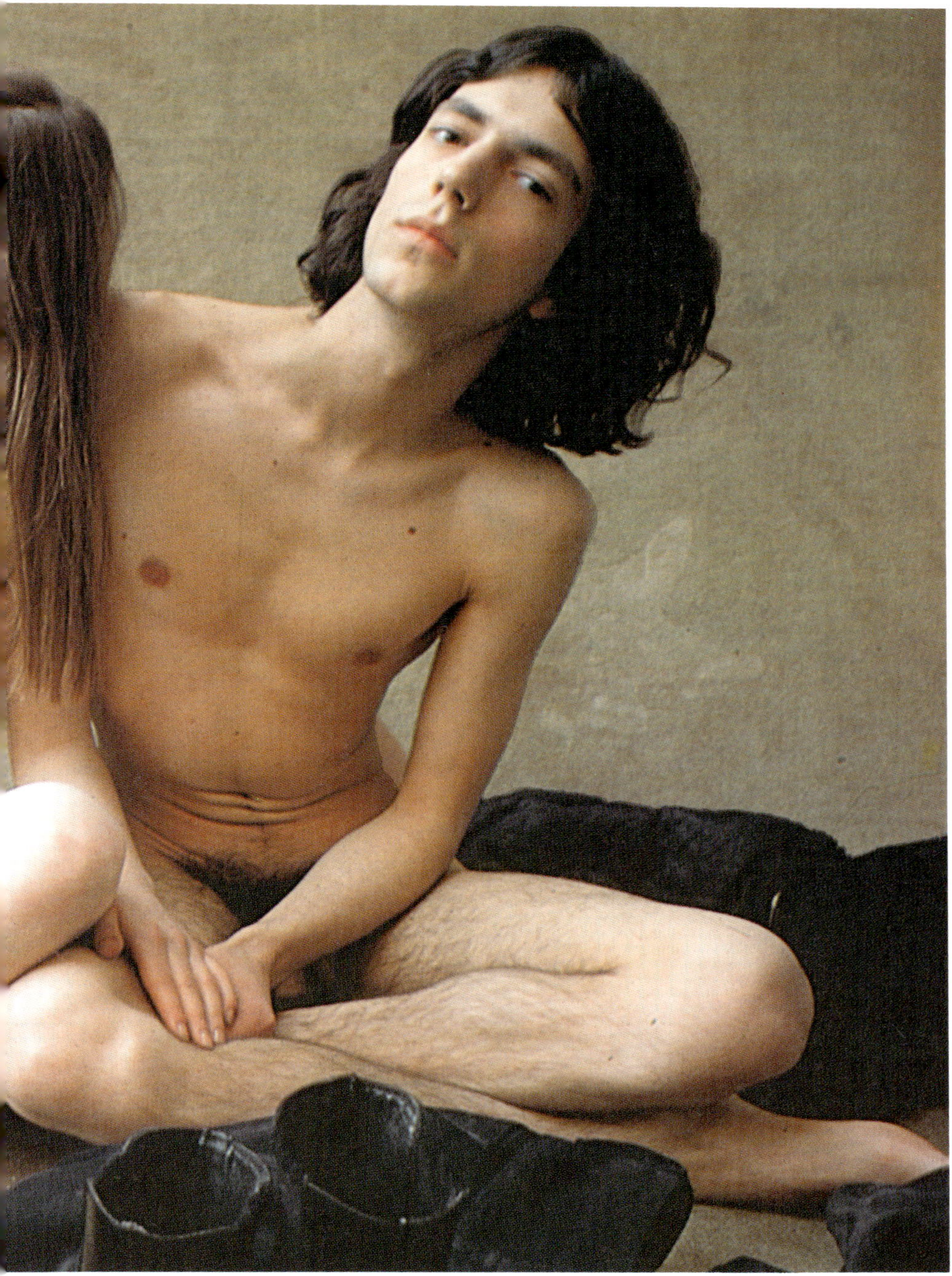

LASS MICH NICHT VERHUNGERN

Du hast mich
in dein Zimmer geführt.
Mein Kopf liegt auf deiner Brust,
deine Hände streicheln meine Haut,
in deinen Armen bin ich geborgen.

Deine Liebe umfaßt mich,
wie der Ring
einen Finger umschließt.
Mit deiner Liebe
löschst du meinen Durst.
Und ich nehme dich auf –
eine durstige Kehle.
Du linderst meine Sehnsucht
kühlst meine fiebrige Stirn
mit deinen Lippen;
denn ich bin krank vor Liebe.

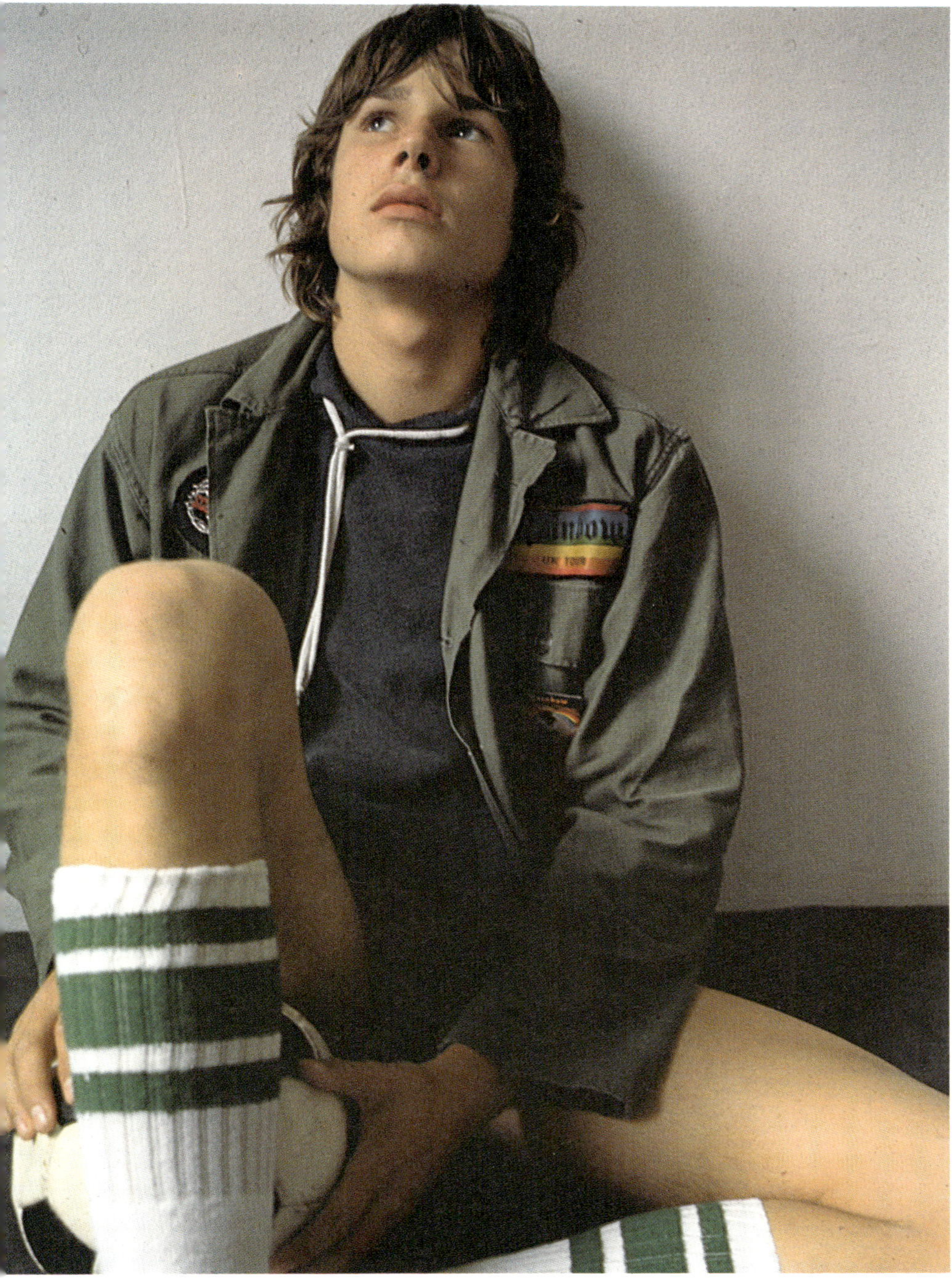

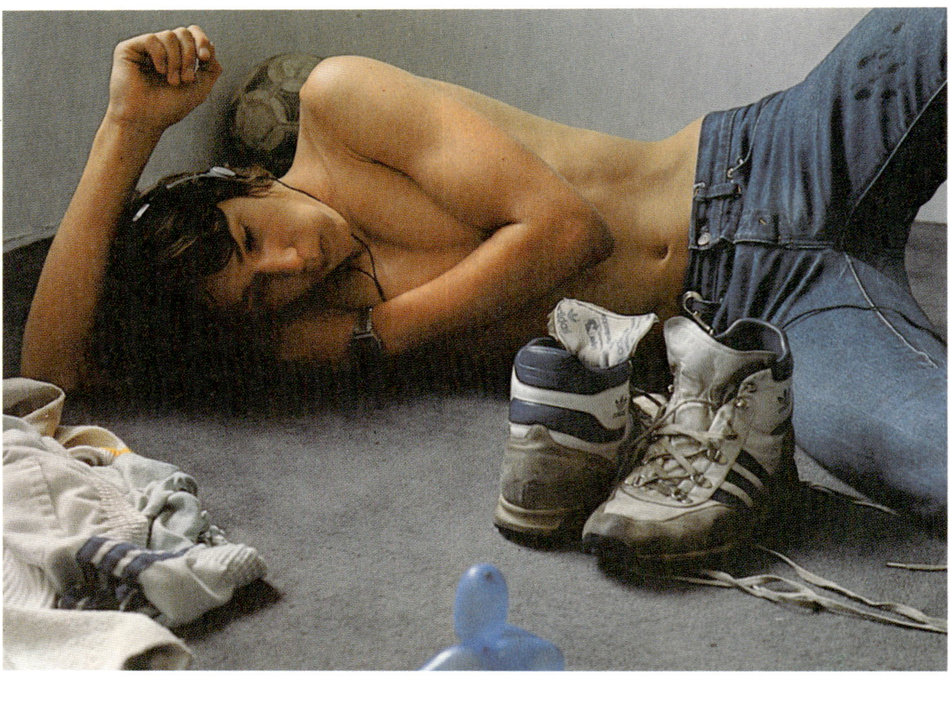

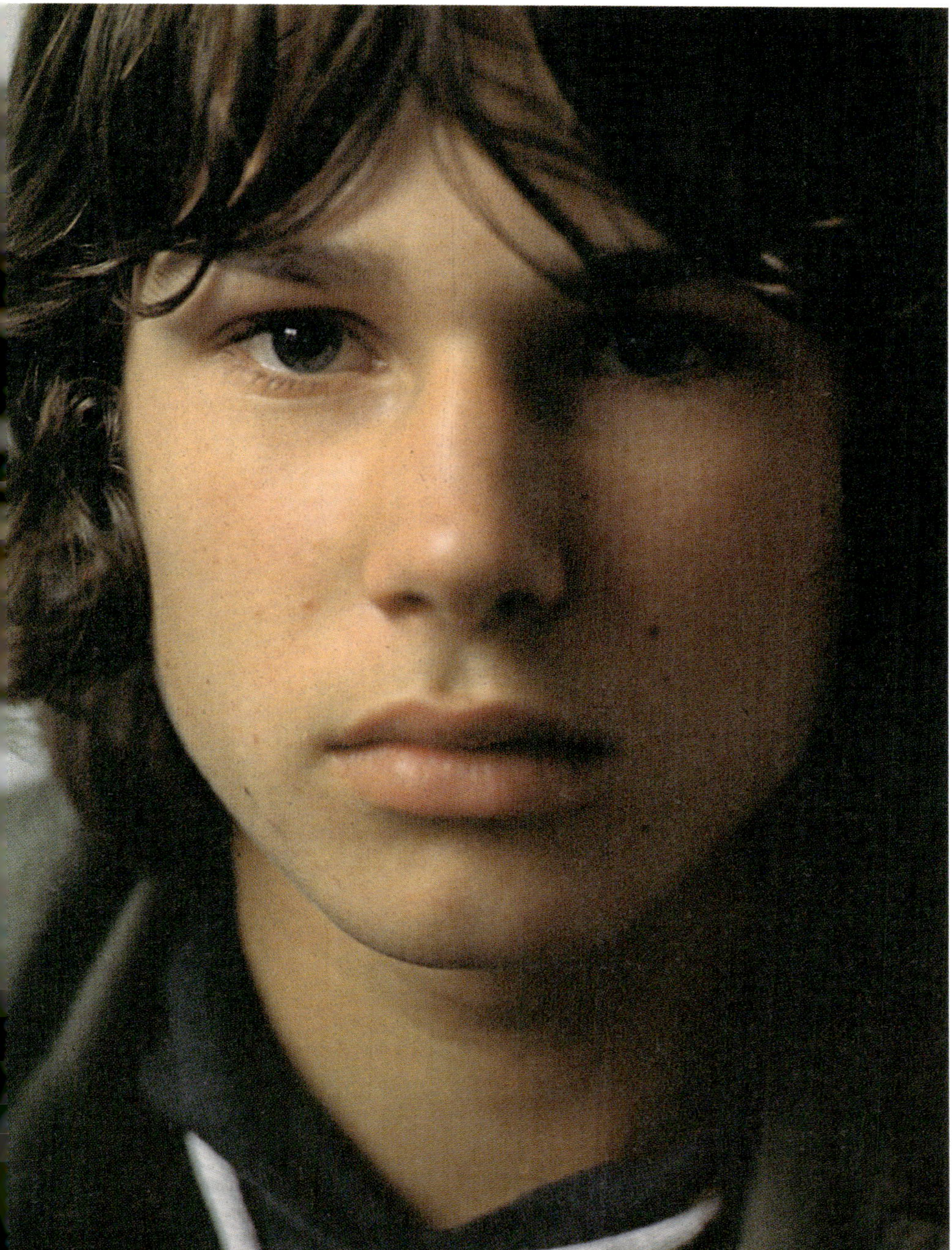

EIN FEST IST UNSERE LIEBE

Ein großes Fest ist unsere Liebe.
Solange du, mein Freund,
an meiner Seite ruhst,
will ich dich zudecken
mit meiner Haut,
dich wärmen mit der Glut
meiner Leidenschaft.
Wie der duftige Flieder liegst du
zwischen meinen Brüsten.
Wie süße Trauben
schmecke ich dich in vollen Zügen.
Schön bist du,
mein geliebter Freund.

Unsere Liebe ist jung und frisch
wie das Gras nach einem Regen.

Unser Haus ist der Himmel.
Wir haben alles vergessen:
Die Vergangenheit –
die Zukunft. –
Wir sind außer uns
vor Glück.

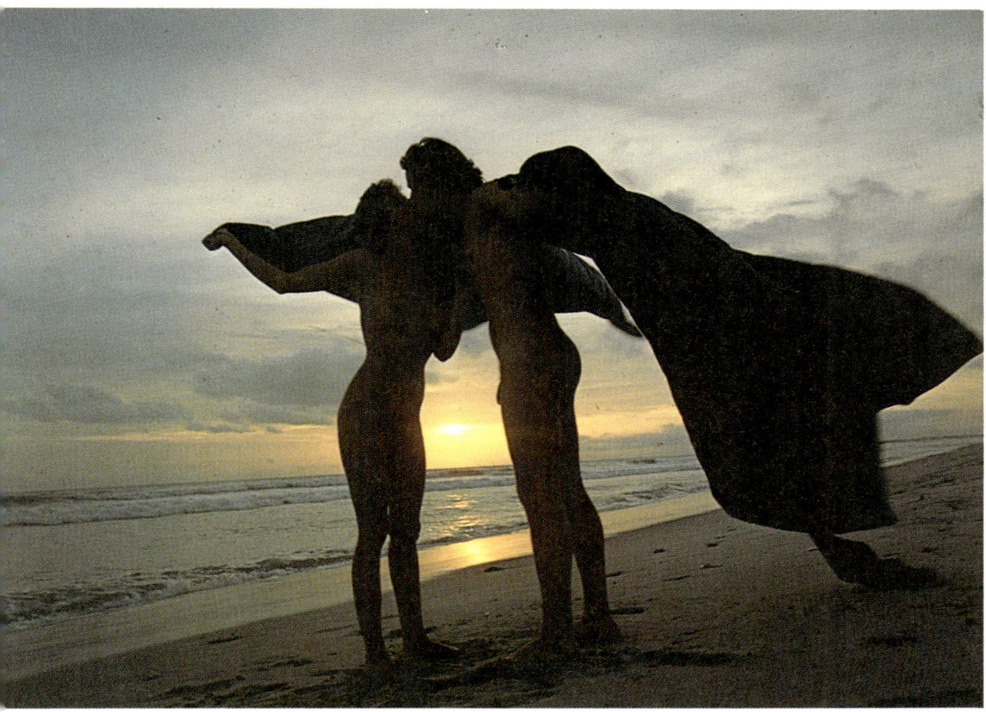

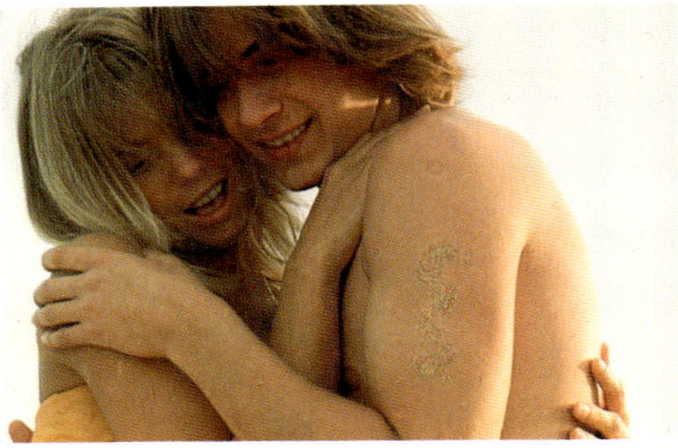

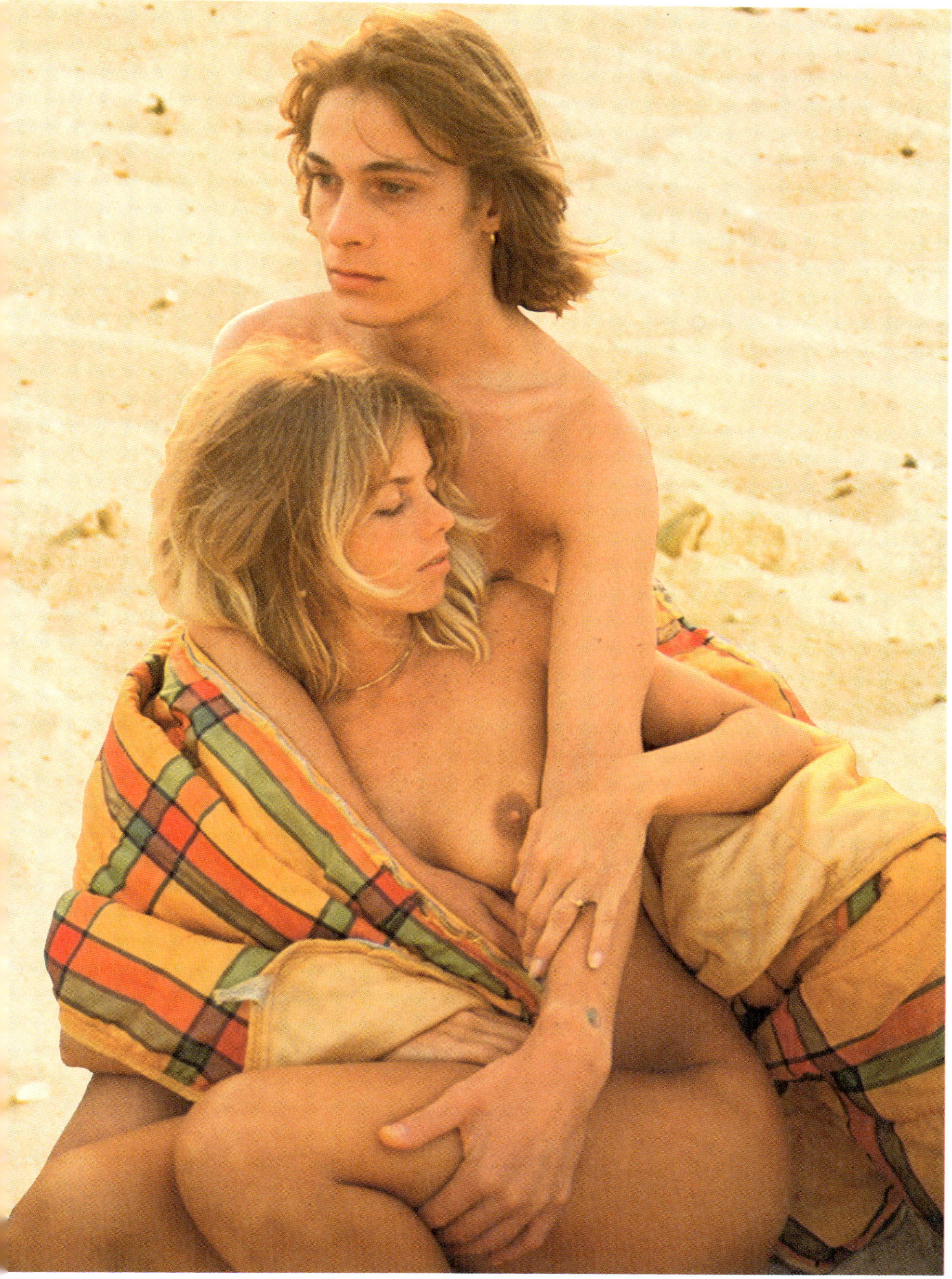

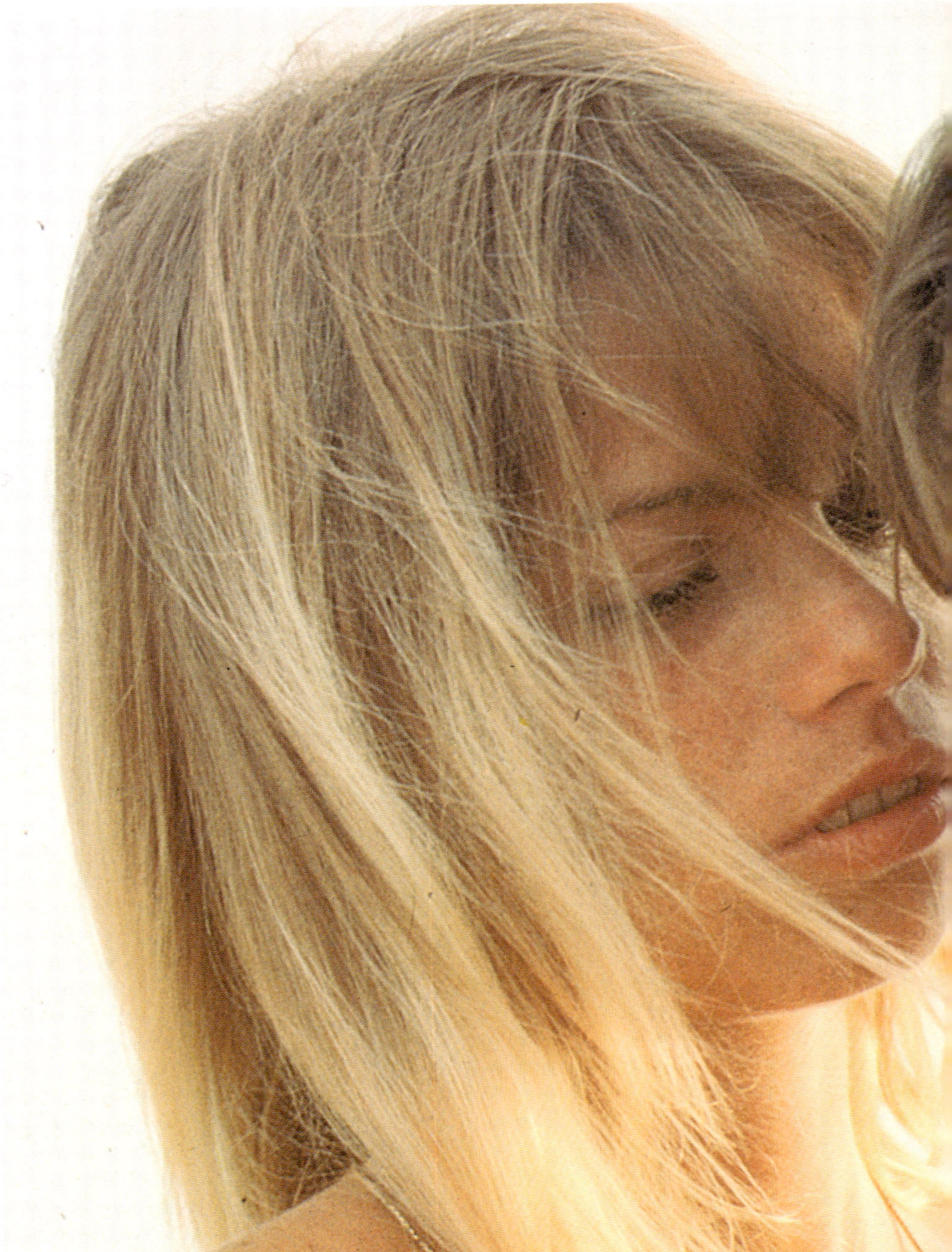

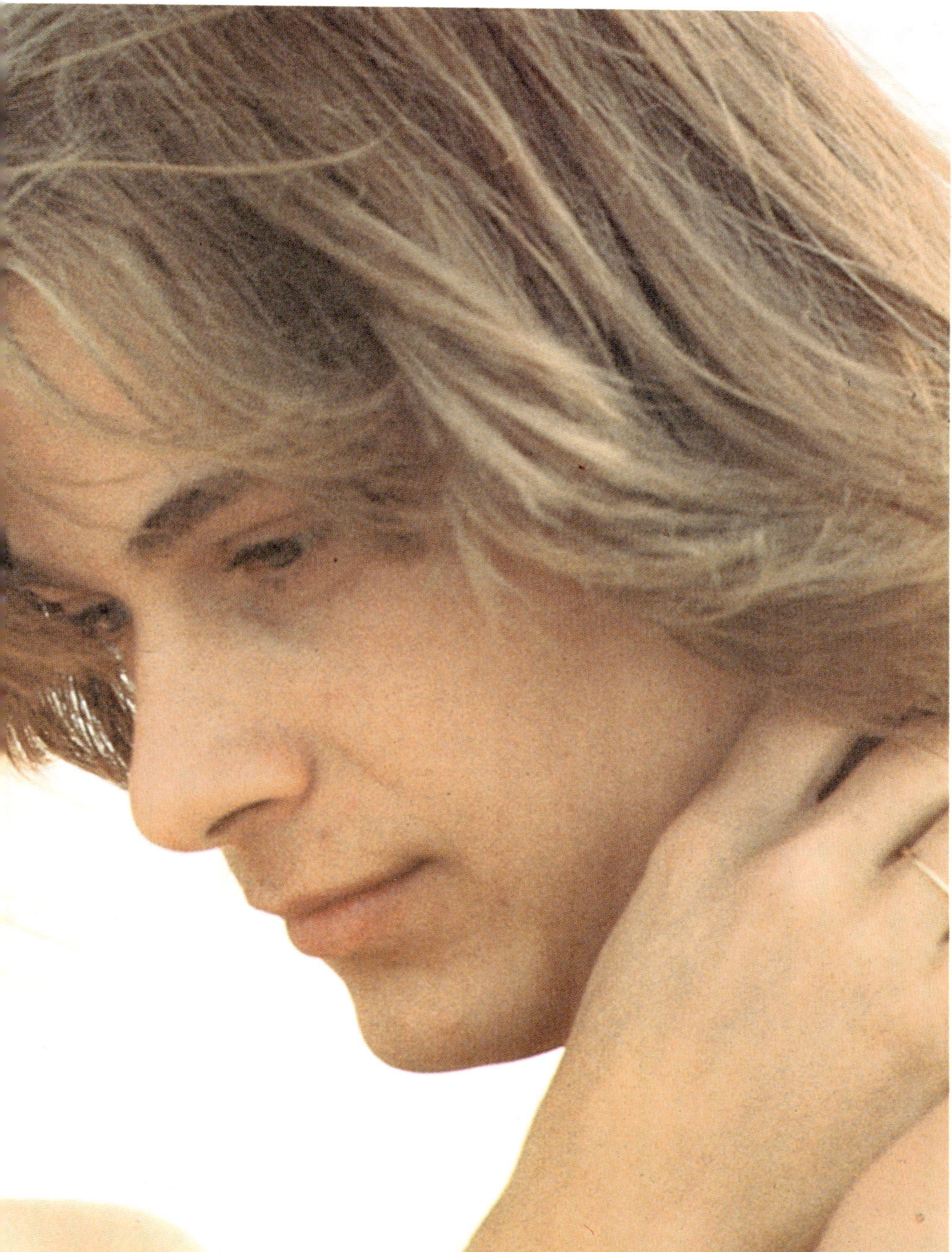

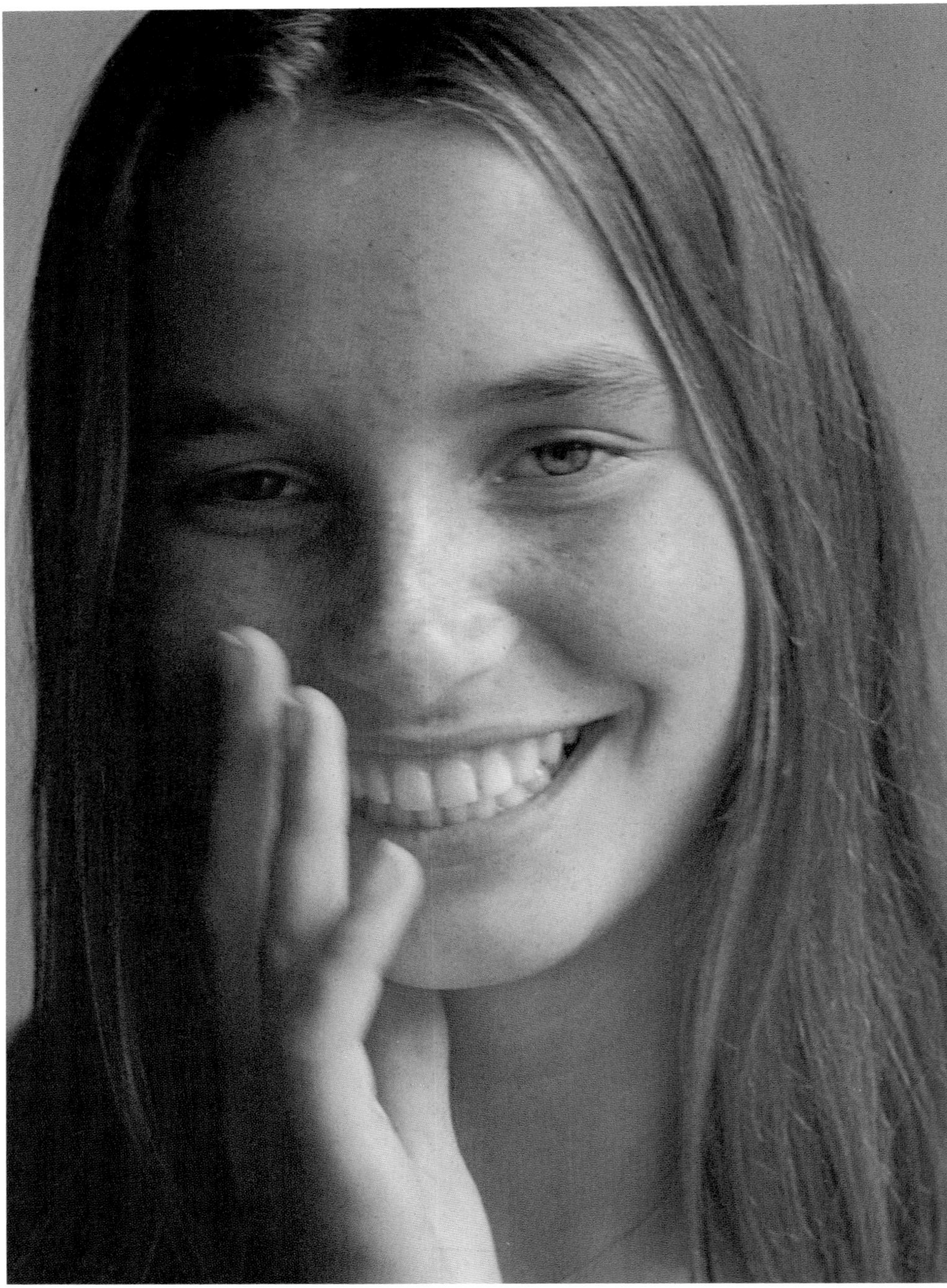

DU HAST MICH BETÖRT

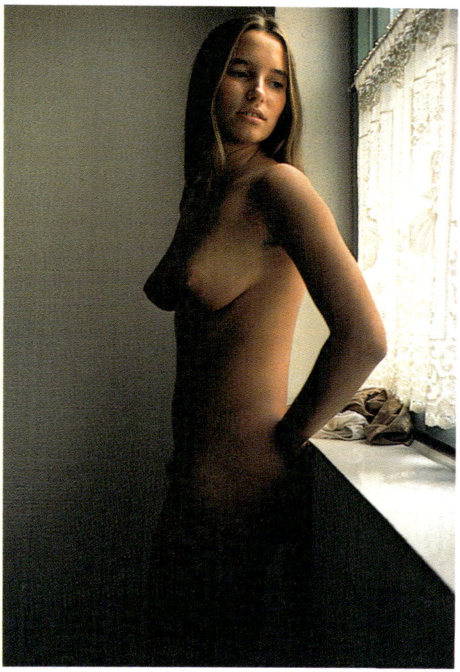

Du bist mein Mädchen,
schön wie eine Blume in der Wüste,
so wenig zu begreifen,
wie die Sterne im All.

Sieh mich nicht an,
denn deine Blicke bringen mich
um den Verstand.
Dein langes Haar umgarnt mich,
das Netz einer Spinne,
in dem ich mich verfange.
Dein Mund verwirrt mich –
ich verliere immer wieder
die Fassung,
du hast mir den Kopf verdreht.
Wenn meine Lippen
deine Schläfen berühren,
zuckt es mir durch den
ganzen Körper:
Du elektrisierst mich
mit deinen Lippen.

Sieh mich nicht an,
denn du –
mit all deiner Schönheit –
bringst mich um den Verstand.

„Ich gehöre meinem Freund –
und nach ihm sehne ich mich
Tag und Nacht.
Keinem anderen will ich gehören."

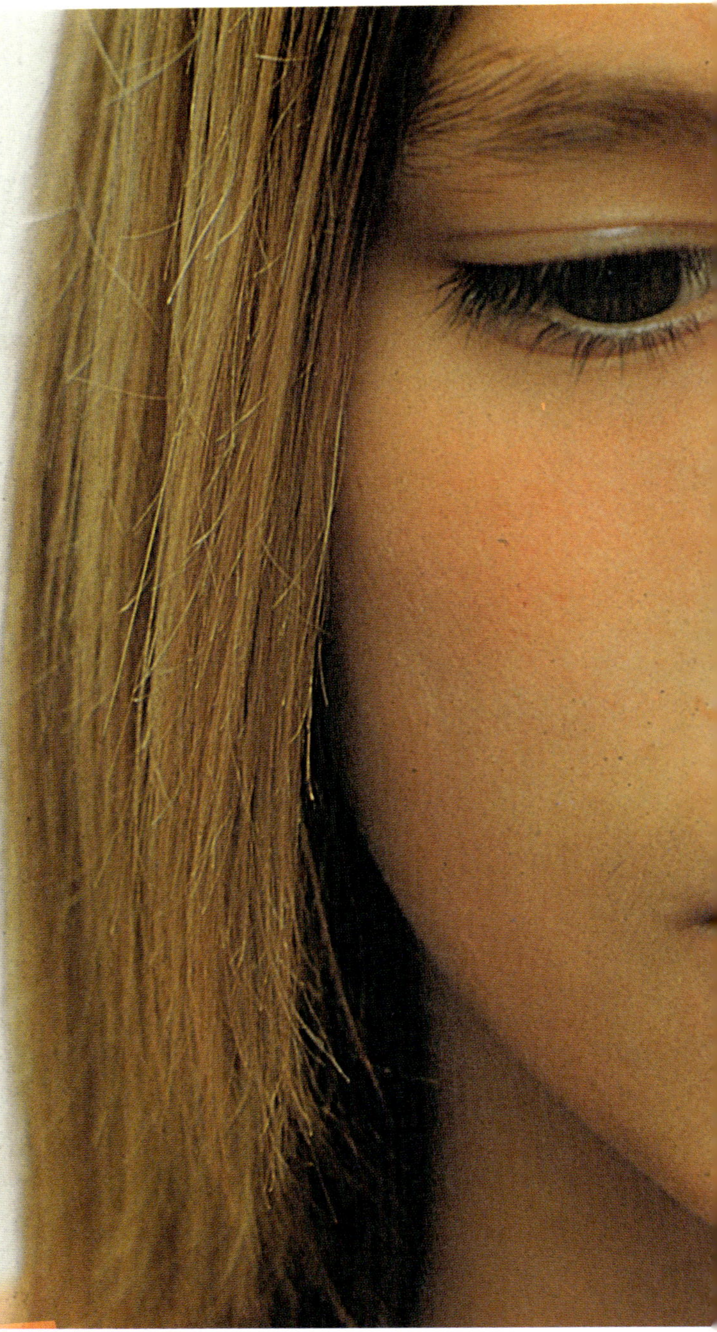

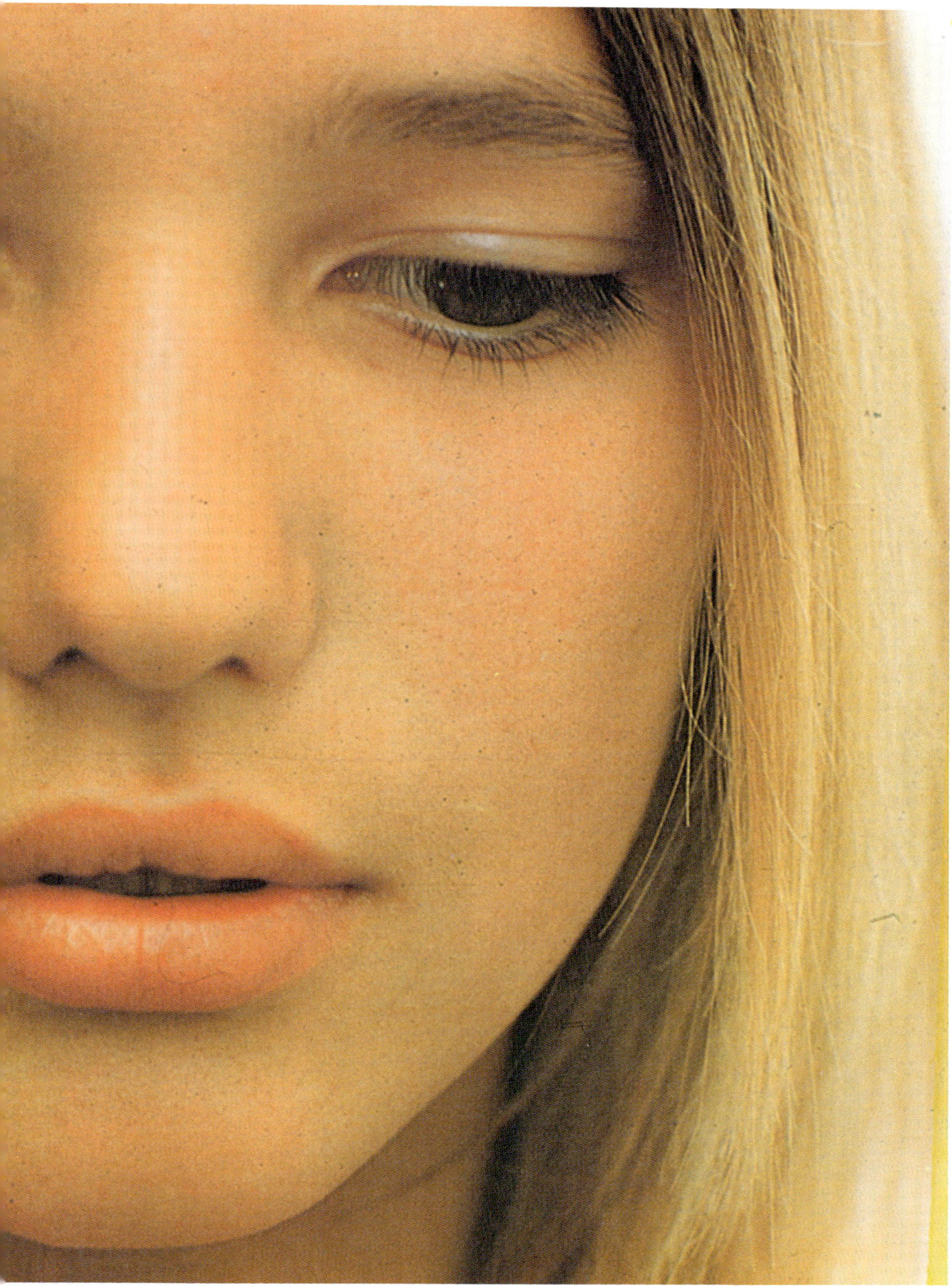

ICH KLOPFE AN

Ich schlafe,
aber meine Sinne sind wach.
Ich schlafe,
aber mein Puls schlägt schnell.
Da, es klopft:
Mein Geliebter steht vor der Tür.
„Mach auf!"
flüstert er in die Nacht.
„Mach auf!
Meine Haare sind feucht
vom Abendnebel,
meine Locken vom Tau der Nacht.
Mach auf!"
Eine Sekunde zögere ich:
„Ich bin bekleidet,
wie Eva vor dem Fall,
was soll ich tun?"
So wie ich bin,
von Gott geschaffen,
öffne ich die Tür meinem Geliebten,
bekleidet mit dem Duft meiner Haut.
Ich öffne die Tür –
zu spät –
mein Geliebter ist verschwunden.
Ich weine,
er ist fort.
Eine Sekunde zu spät
habe ich eine Ewigkeit versäumt.
Ich rufe seinen Namen –
aber er antwortet nicht.
Ich folge ihm auf die Straße –
fast von Sinnen,
aber ich finde ihn nicht.
Sie zeigen mit Fingern auf mich,
sie lachen mich aus
und schlagen mich,
nur weil ich nackt bin.

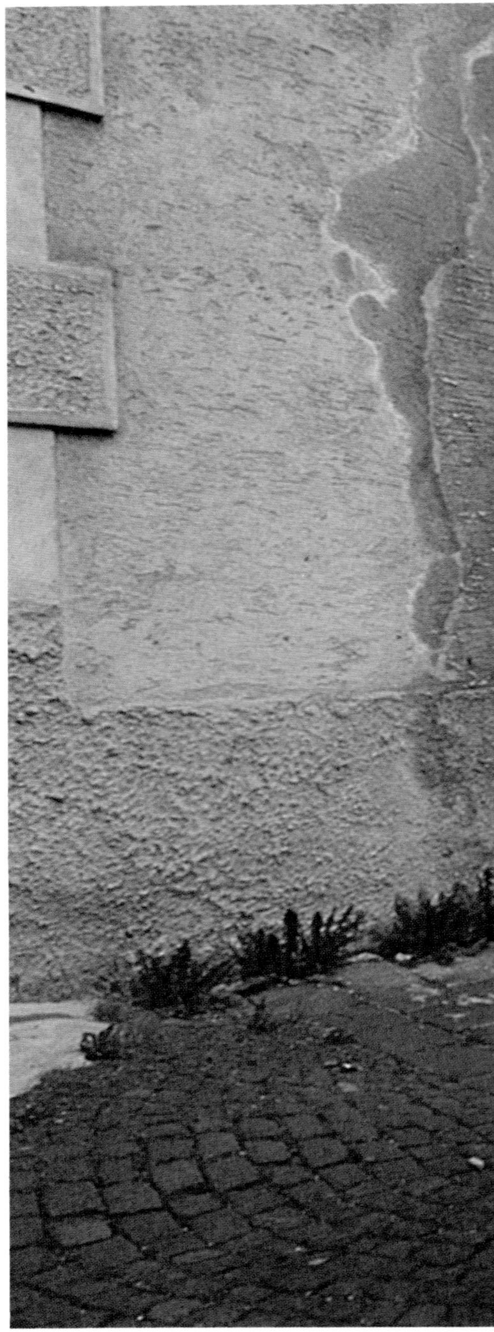

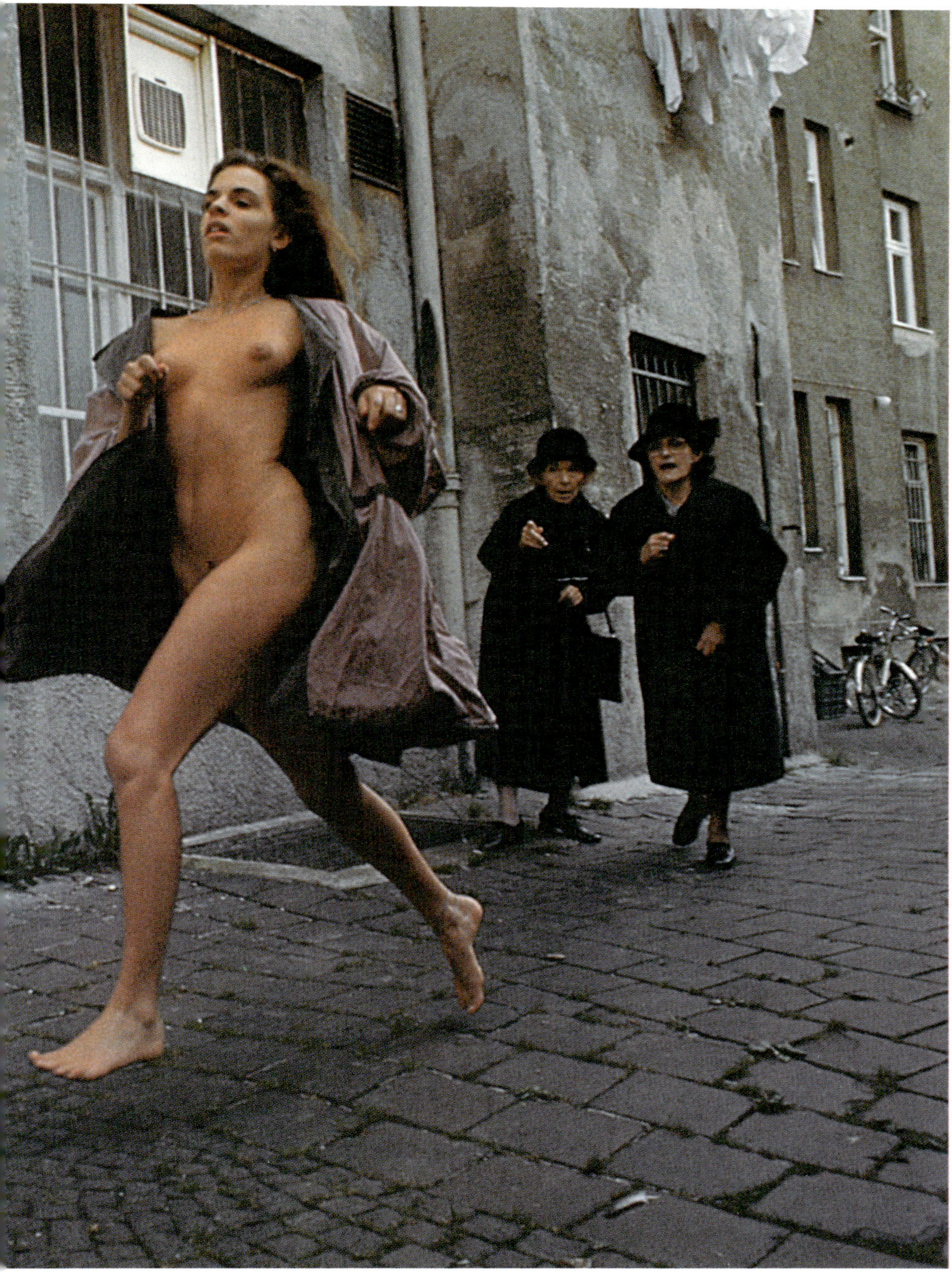

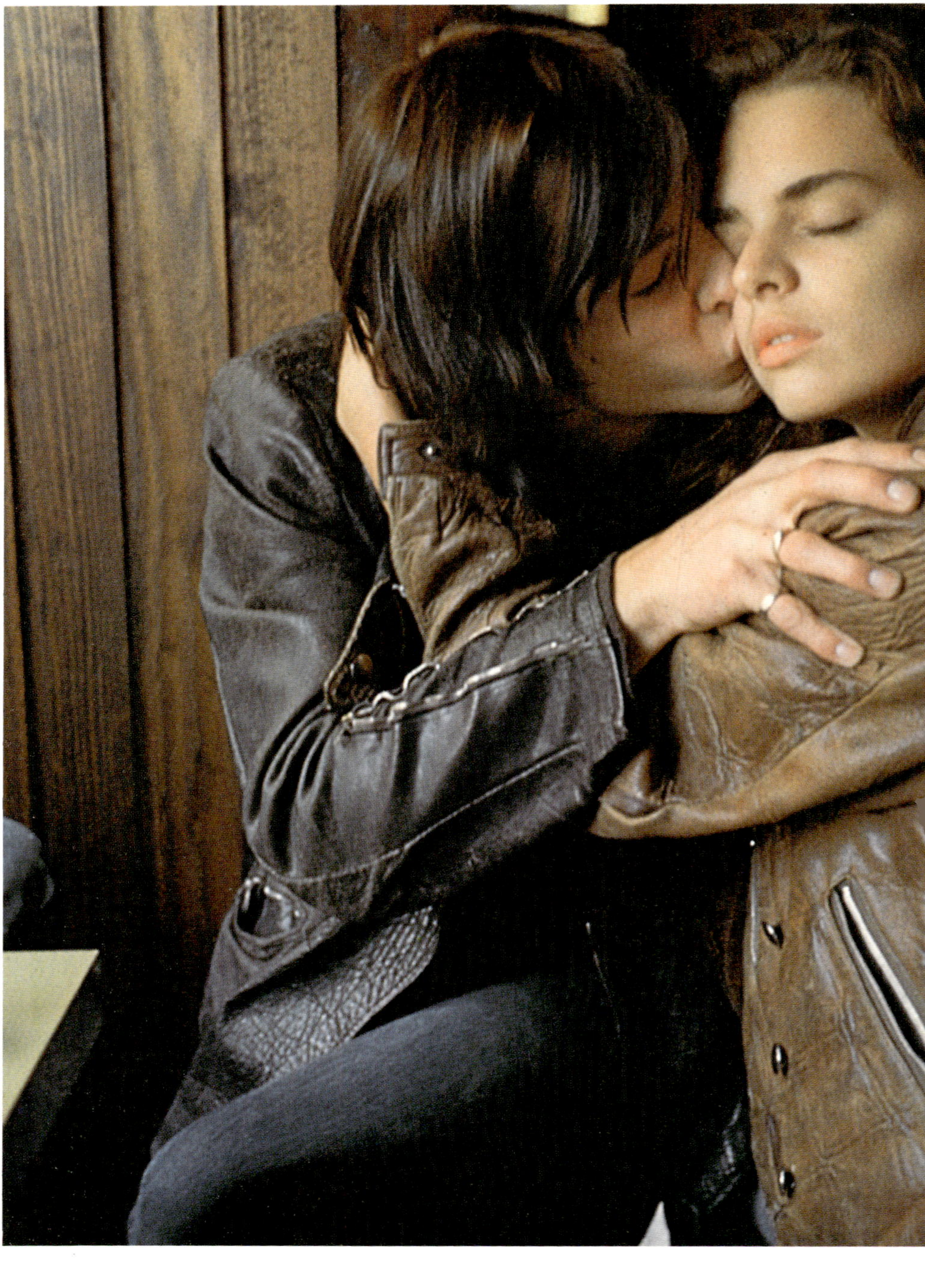

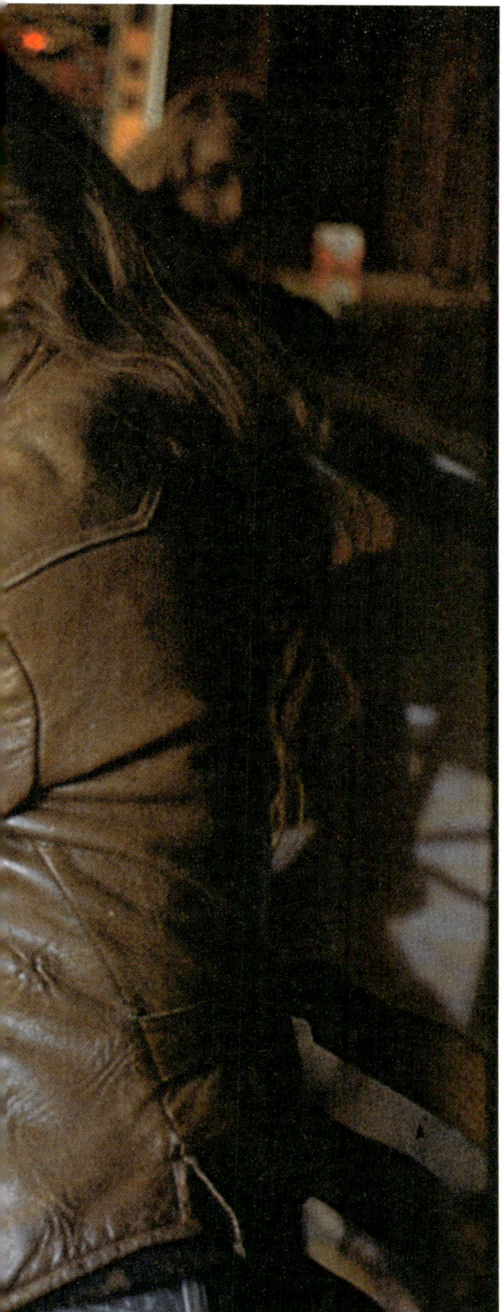

MEINE SEHNSUCHT

Nachts –
ich kann vor Sehnsucht
nicht schlafen.
Meine Gedanken verfolgen ihn –
ich finde ihn nicht.
Ich will aufstehen und ihn suchen:
Ich fliege hinunter auf die Straße
und laufe
durch alle Straßen,
über alle Plätze,
in alle Hinterhöfe.
Ich finde ihn nicht.
Ich fliege
an den Menschen vorbei,
keiner hat ihn gesehen.
„Wo ist mein Freund?
Habt ihr ihn gesehen,
den ich über alles liebe?"
Keiner kann sich erinnern.
Mein Herz schlägt mir bis zum Hals:
„Wo bist Du?"
Ich rufe –
aber er antwortet nicht.
Ich rufe –
ich irre weiter durch die Straßen.
Endlich finde ich ihn:
In einer Ecke,
an einer Wand lehnt er und träumt.
„Nun habe ich dich gefunden,
ich lasse dich nie wieder los."
Nach Hause sind wir gegangen
in sein Zimmer
– denn wir haben uns gefunden
heute nacht.

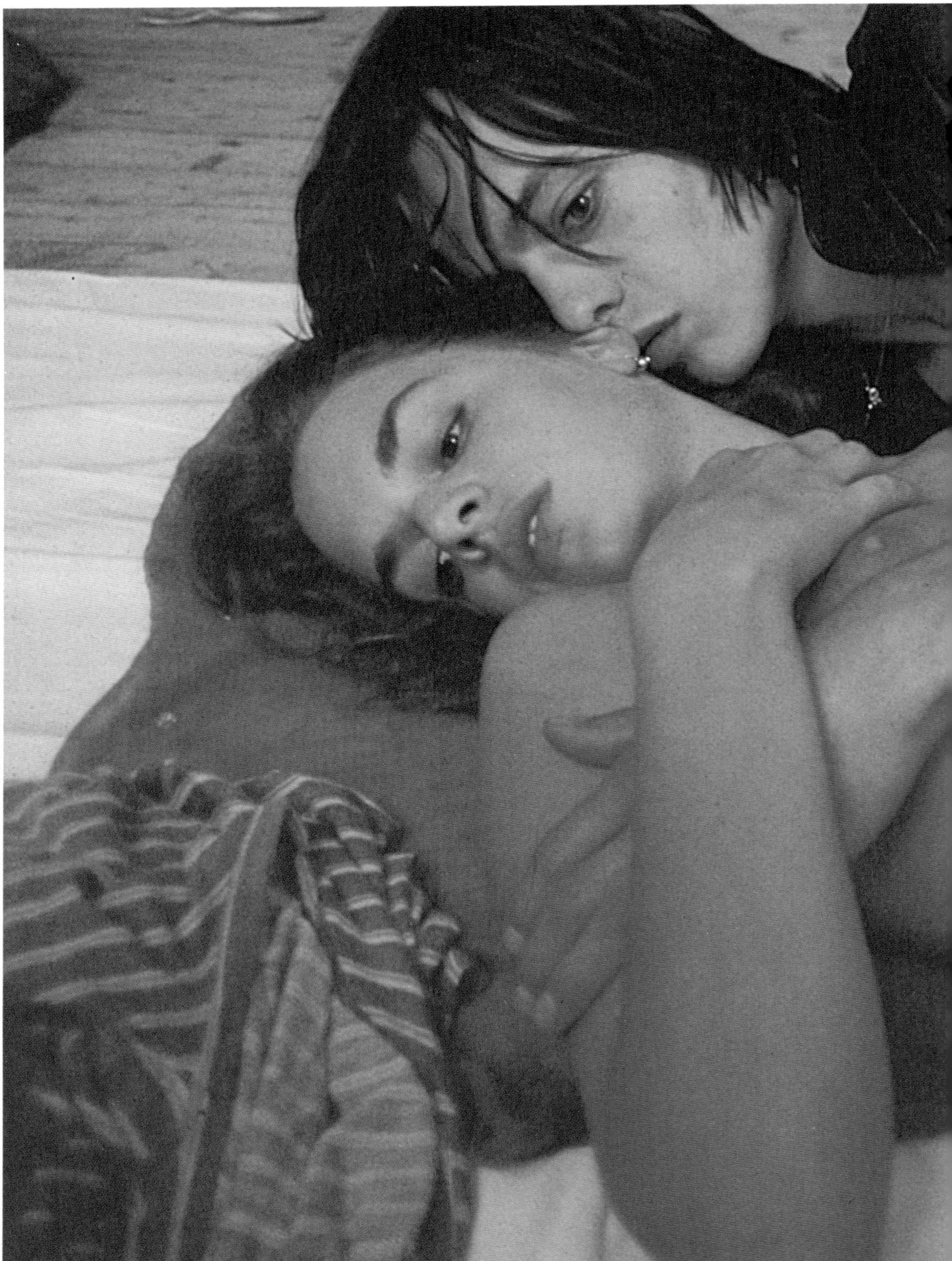

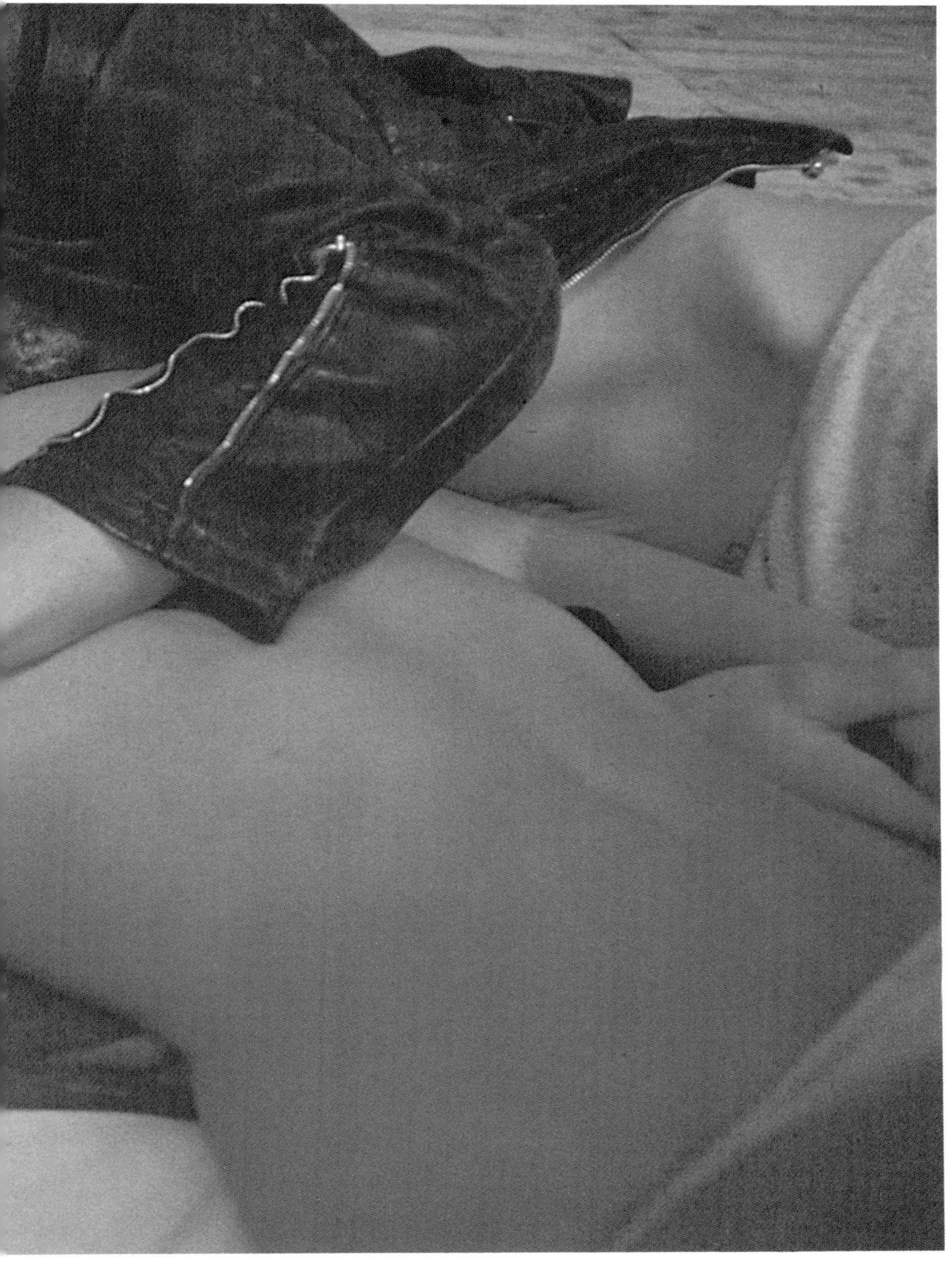

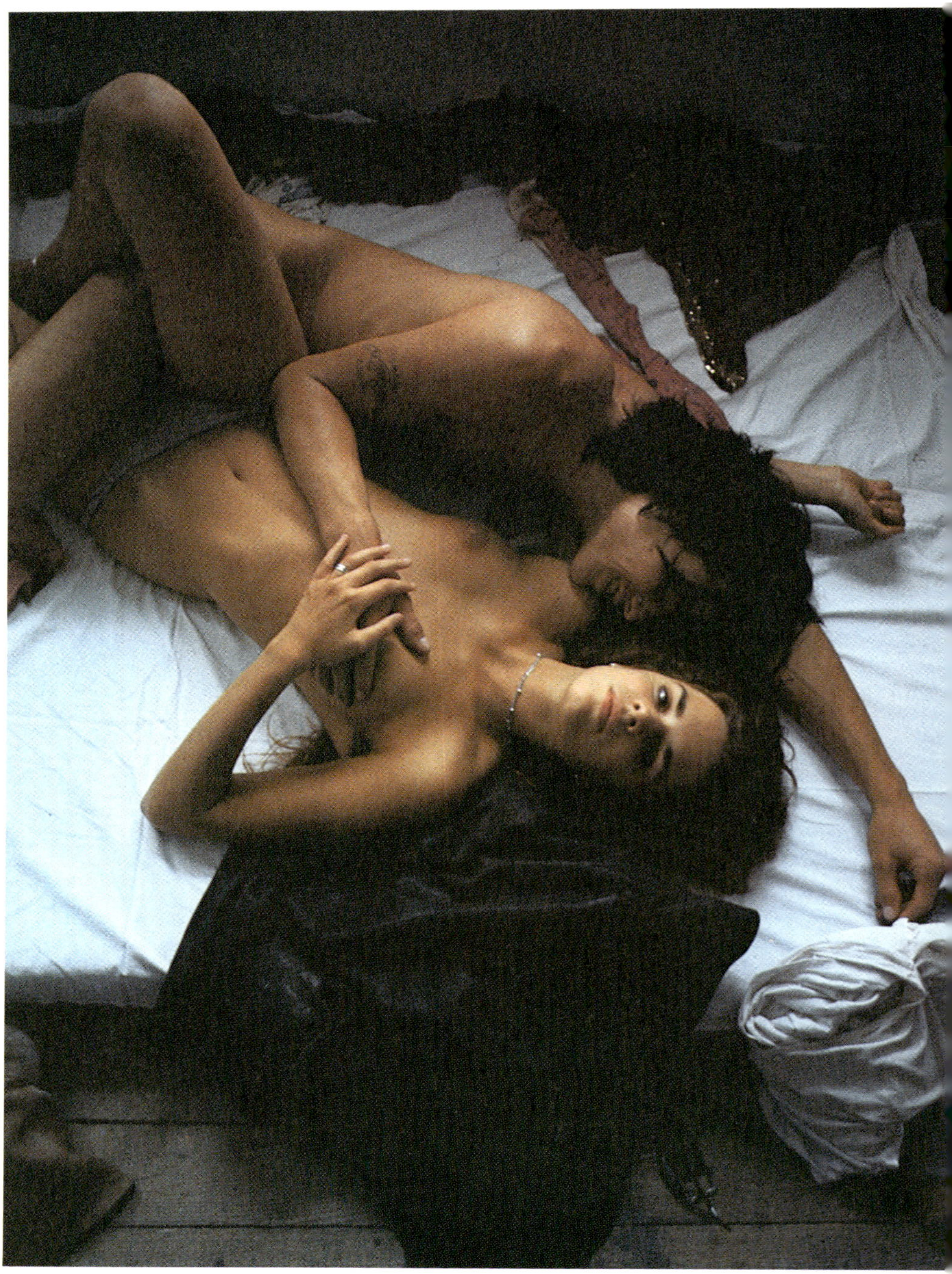

JENSEITS ALLER GESETZE

Ich suche den,
den meine Seele liebt.
Ich werde aufgegriffen
von der Polizei,
die mich für eine Dirne hält
und mich verhört.
Ich sage wie im Fieber:
„Ich suche den,
den meine Seele liebt!"
Doch sie grinsen.
Sie beleidigen mich.
Sie machen zweideutige Witze
und quälen mich.

Sie verstehen nicht,
daß ich den suche,
den meine Seele liebt.
Und sie sperren mich ein.
Meine Liebe ist polizeiwidrig.
Da geht mir ein Licht auf:
Ich bin mit meiner Liebe
jenseits,
jenseits aller Gesetze.

Ich beschwöre euch,
ihr Jungen und Mädchen,
die ihr noch lieben könnt:
Wenn ihr meinen Geliebten findet,
dann sagt ihm,
daß ich außer mir bin vor Liebe.

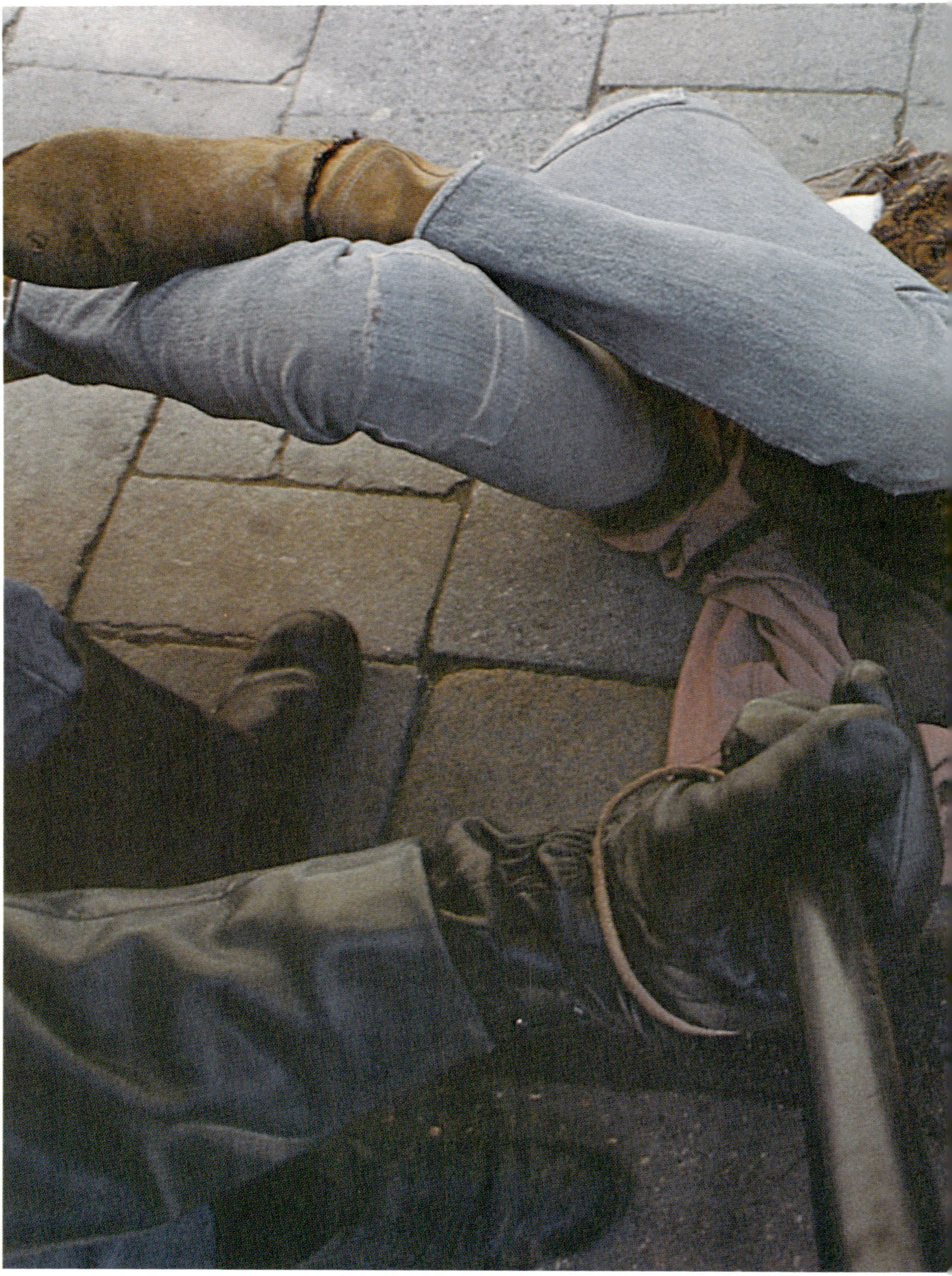

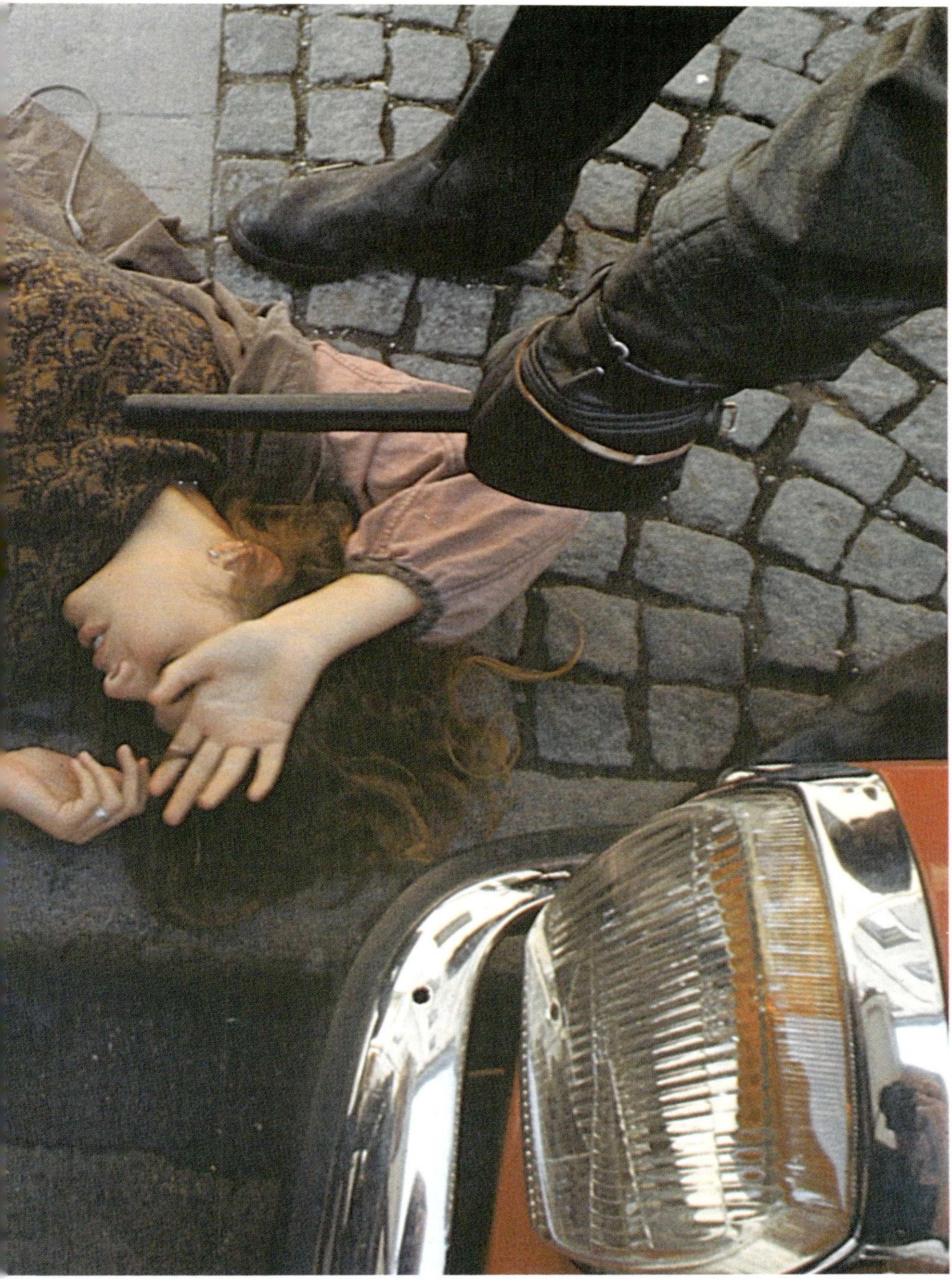

SAG MIR

Sag mir,
den ich von ganzem Herzen liebe,
wo du bist?
Du hast dich verborgen?
Wo verbringst du deine Zeit,
sage es mir
und ich will aufhören
mich zu verzehren nach dir.

Wenn du nicht weißt, wo er ist,
dann folge den Spuren
seiner Freunde.
Suche, wo sie leben,
klopfe an, wo sie wohnen.
Frage sie,
und sie werden dich zu ihm führen,
zu dem,
den du liebst.

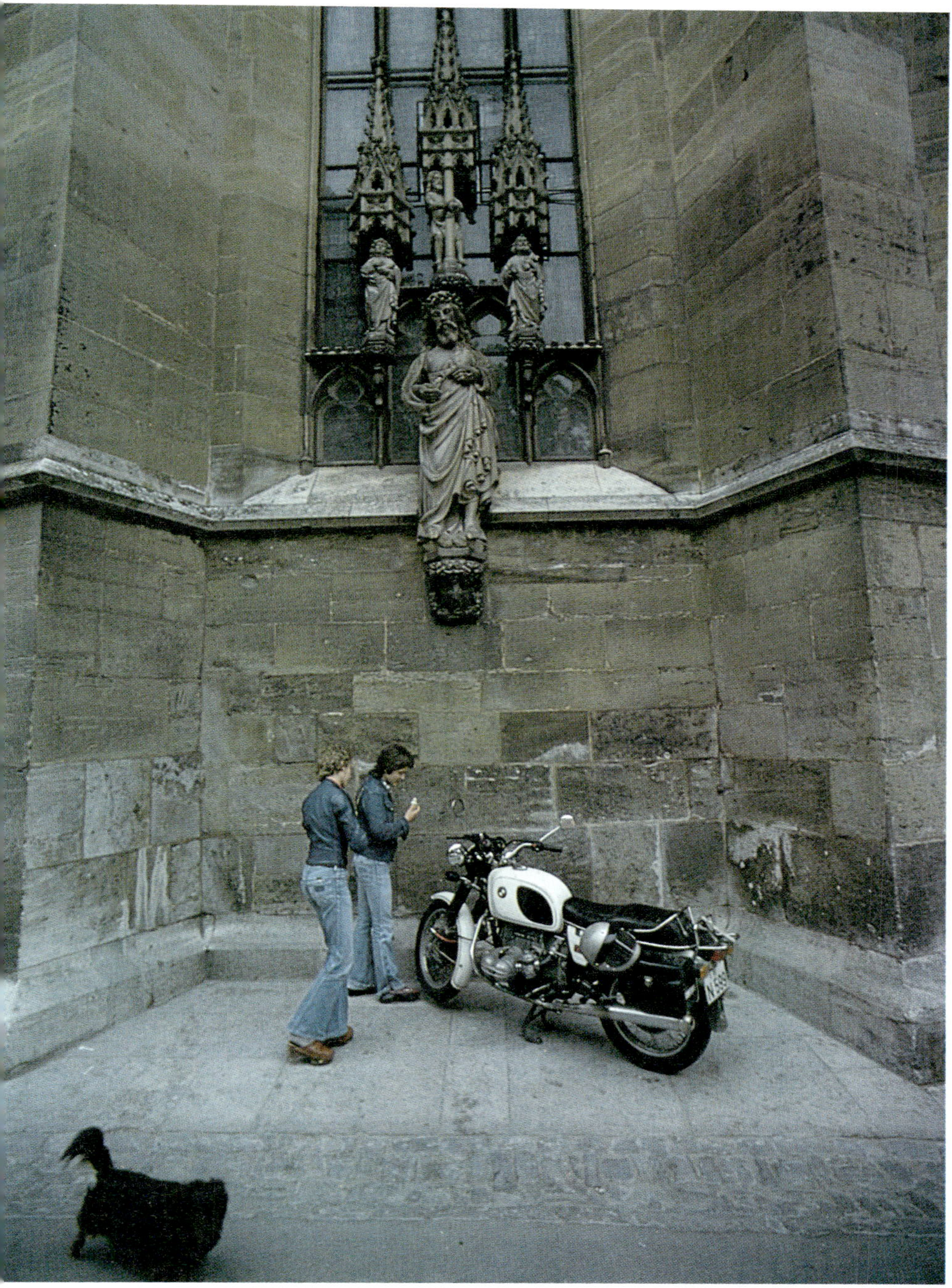

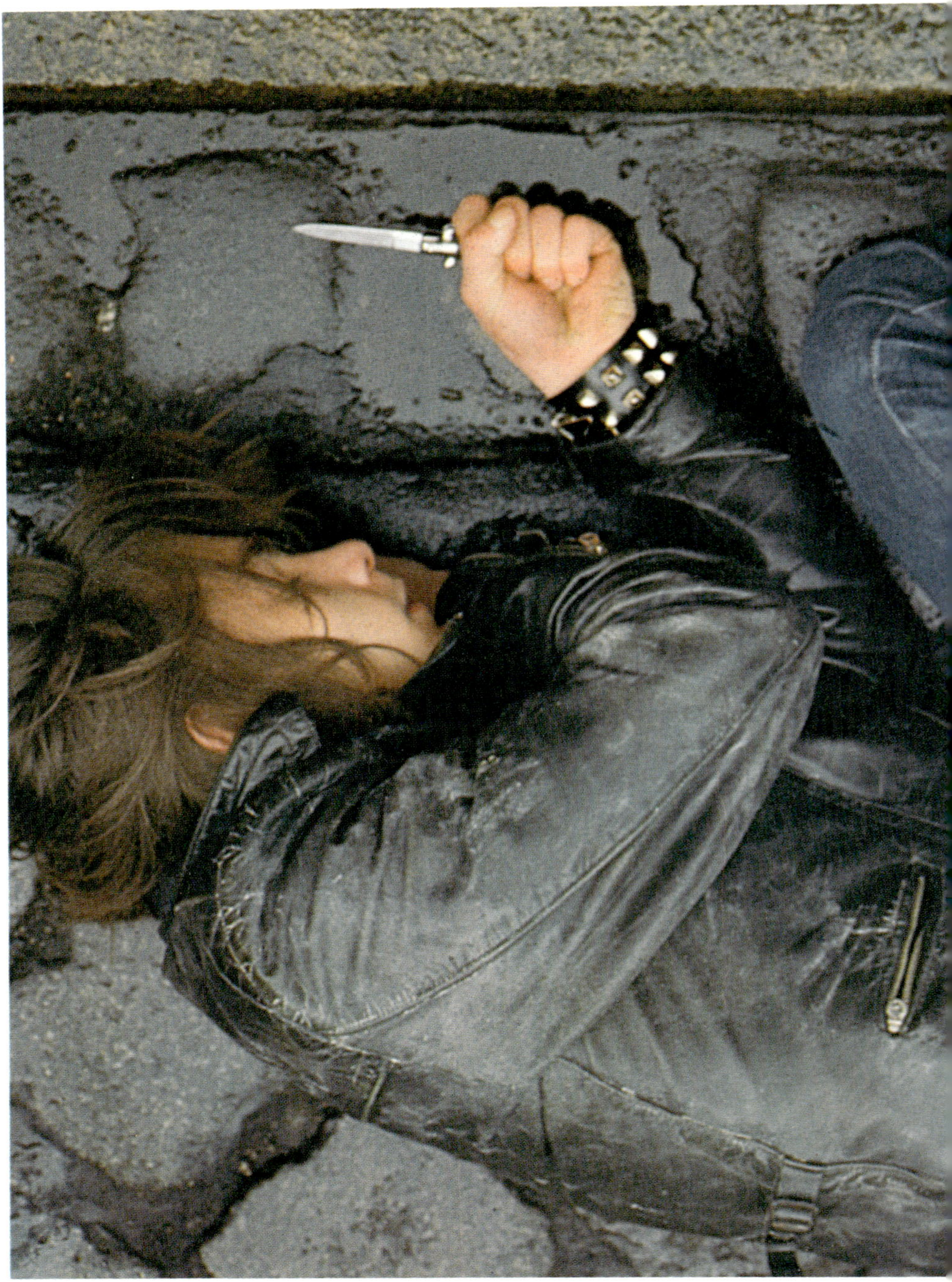

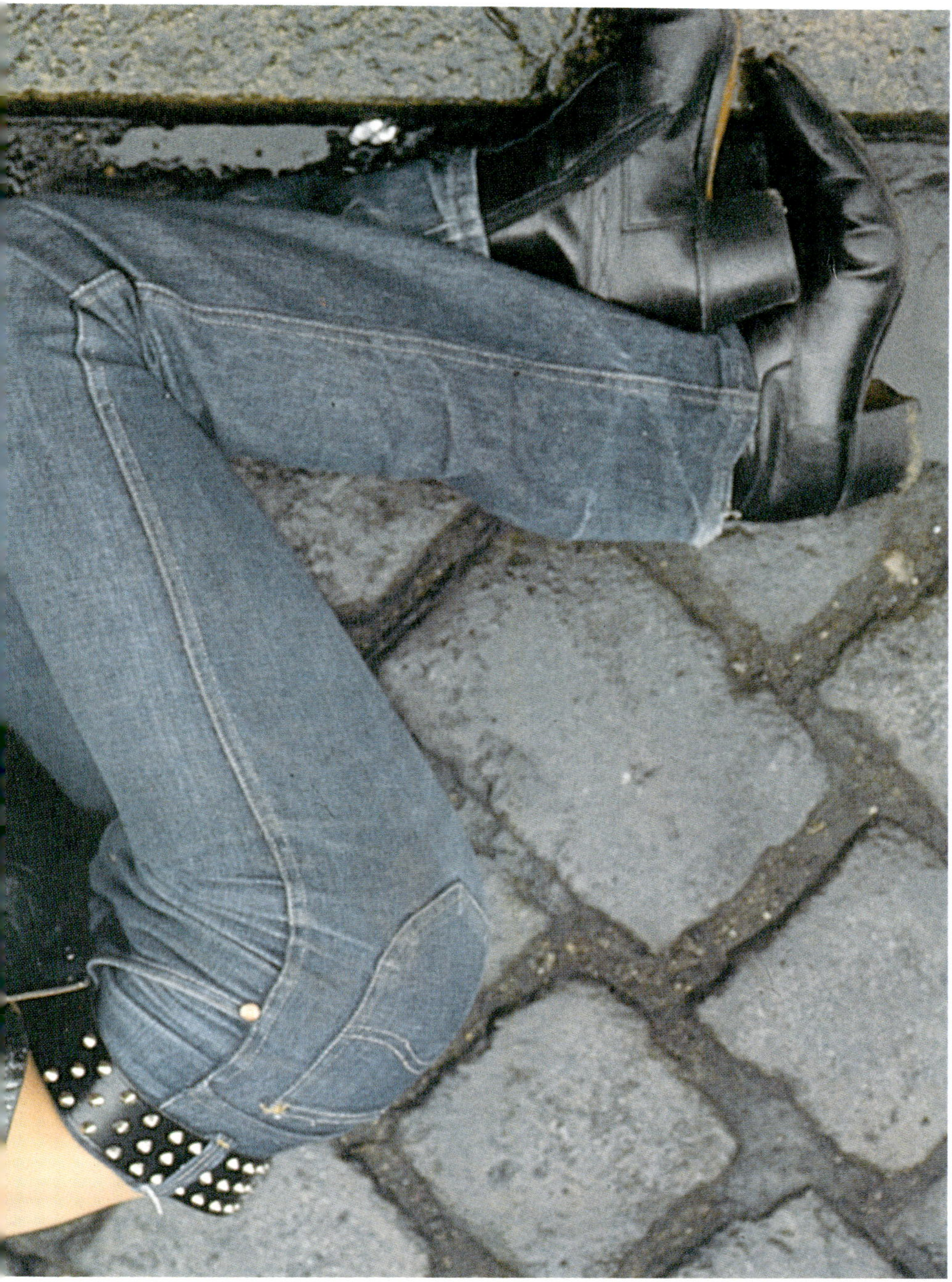

SPIEGEL DER LIEBE

„Meinen Geliebten erkenne ich
unter zehntausend anderen:
Sein Wesen ist durchsichtig wie Glas,
sein Temperament
gleicht dem eines Stiers.
Sein Verstand ist wach wie
der helle Tag,
sein Gesicht spiegelt meine Liebe.
Das ist mein Freund.
Kommt! Helft ihn suchen!"
„Warum läufst du ihm nach,
deinem Freund?
Was unterscheidet ihn
von anderen Jungen,
daß du uns beschwörst,
ihn zu suchen?"

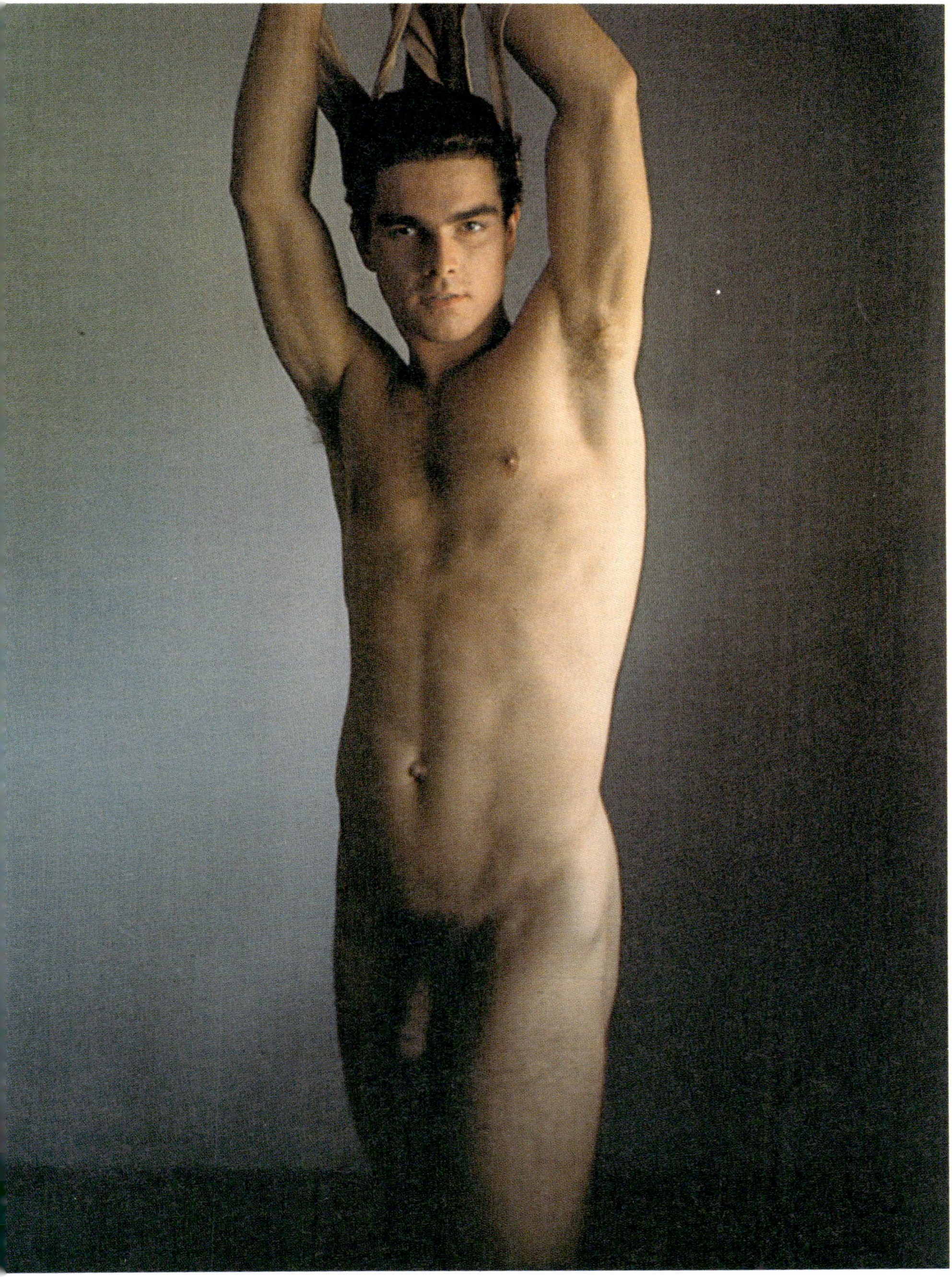

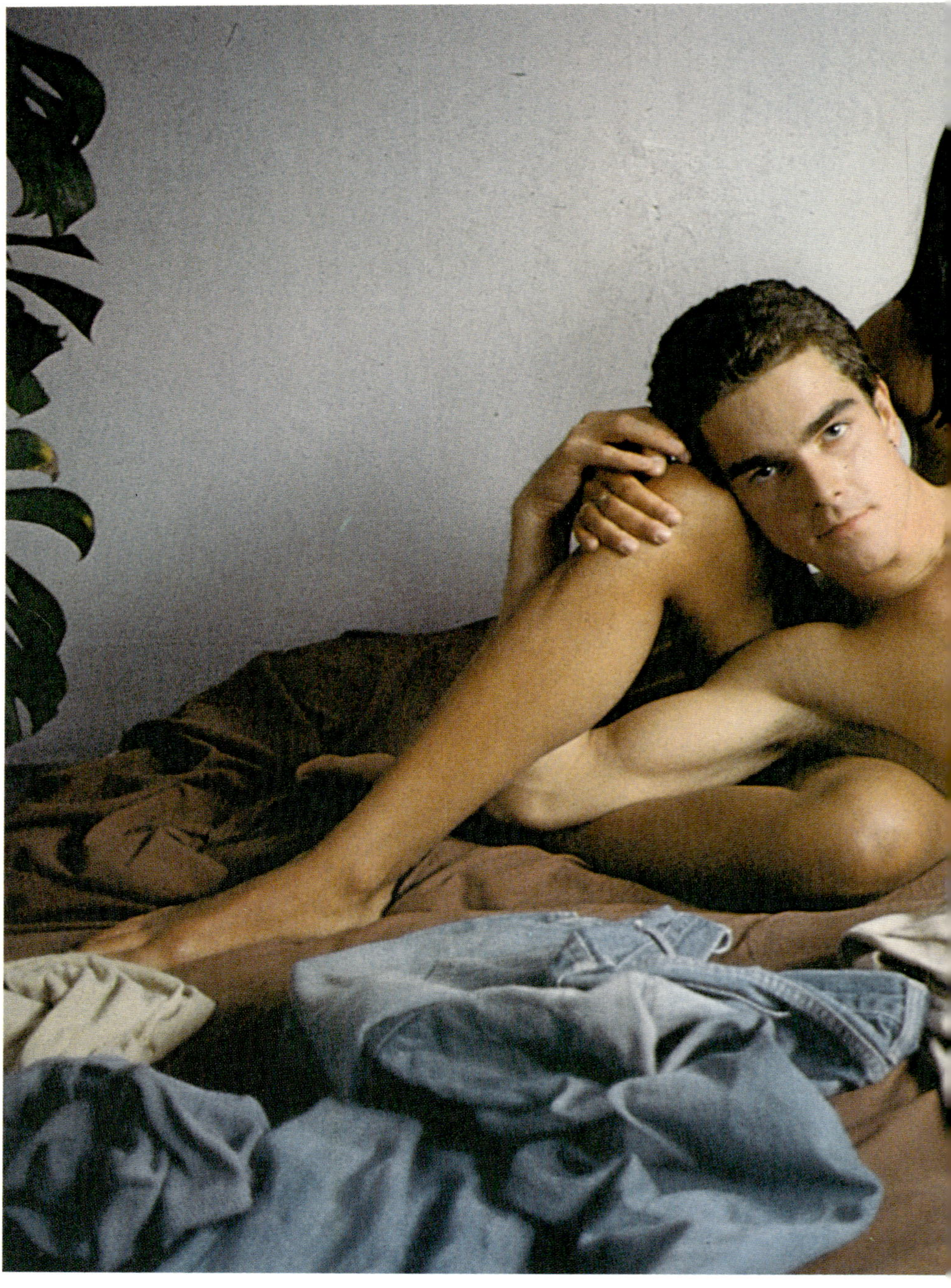

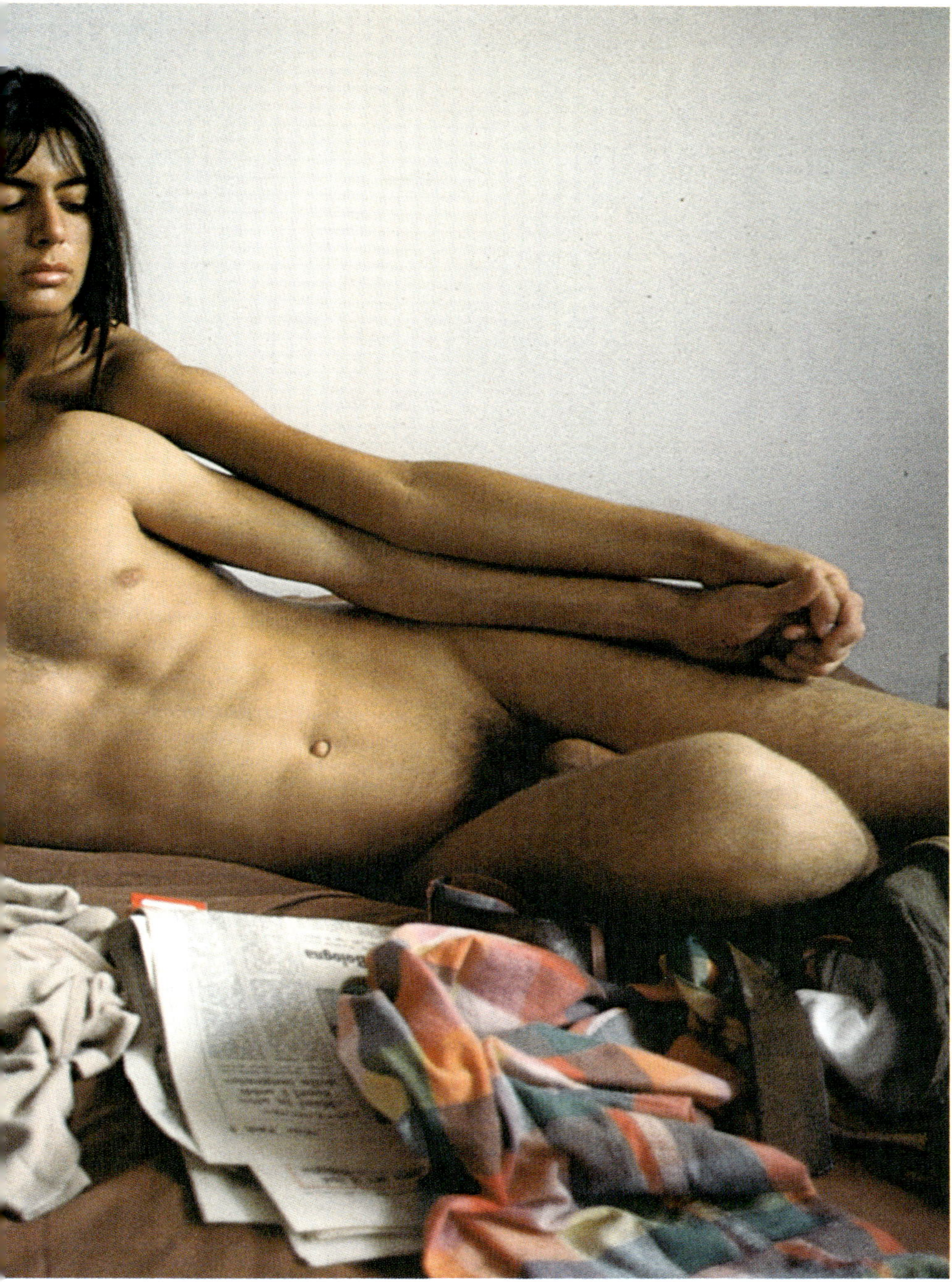

MEINE HÄNDE SEINE LIPPEN

„Sein Gesicht glüht vor Eifer,
ein Läufer strebt seinem Ziel zu.
Seine Lippen sind heiß und blutrot
wie die untergehende Sonne.
Weich wie Samt
nehmen sie meine Küsse auf.
Seine sanften Hände
umfassen meine Brüste,
als würde ich mit einem Netz
überzogen.
Das ist mein geliebter Freund. –
Kommt! Helft ihn suchen!"
„Meine Hände spielen
in seinen Locken
und immer wieder streichle ich
das schwarze Haar aus seiner Stirn.
Seine Augen blitzen
und träumen mich an:
Dunkle Tiefen erforscht er in mir.
Das ist mein geliebter Freund. –
Kommt! Helft ihn suchen!"